KB069664

경계선 지능 아동 · 청소년을 위한

느린 학습자 정서 사회성 훈련 프로그램

박현숙 저

학지사

머리말

　이 책은 경계선 지능(Borderline Intellectual Functioning) 아동·청소년의 정서 사회성 훈련을 위한 매뉴얼이다. 『정신장애 진단 및 통계편람(제4판 개정판, DSM-Ⅳ-TR)』에 따르면 경계선 지능은 'IQ 71~84에 해당하며 지속적인 관심을 가지고 주의해야 할 발달결함'이다. 경계선 지능은 임상적인 도움을 필요로 하지만 지적 장애에는 포함되지 않는 V코드에 해당하여 장애로 분류되지 않는다. 우리나라에서는 경계선 지능을 가진 사람을 '경계선 지능인'이라고 칭하고, "지적 장애에 해당하지는 않지만 평균지능에 도달하지 못하는 인지능력으로 인해 소속되어 있는 사회에 적응하지 못하여 지원과 보호가 필요한 자"를 뜻한다(서울시의회, 2020). 경계선 지능인이 아동기나 청소년기에 해당할 경우 '경계선 지능 아동·청소년'이라 할 수 있다.

　지능의 정규분포곡선에 따르면, 경계선 지능의 출현율은 전체 인구의 13.59%에 해당하지만 장애로 분류되지 않기 때문에 이에 대한 관심은 매우 적어, 관련 연구와 정책 마련이 미비한 실정이다. 그러나 교육현장과 양육시설, 지역아동센터 등의 기관, 심지어 일반 가정 내에서도 경계선 지능 아동·청소년의 양육과 교육에 대한 어려움을 토로하는 모습을 쉽게 접할 수 있다. 이러한 어려움 중에서 가장 큰 호소는 관련 정보에 대한 접근이 어렵고 대상 아동에 특화된 프로그램의 부재로 인해 개입이 어렵다는 점이다. 관련 정보에 대한 접근이 쉽지 않은 원인으로는 높은 출현율에도 불구하고 경계선 지능이 장애로 분류되지 않기 때문에 실행된 연구가 극히 드물고 알려진 정보도 매우 적은 것을 들 수 있다. 연구나 교육을 통해 알려진 정보가 적어서 대상에 특화된 프로그램을 구성할 수 없고, 필요한 대상이 산적해 있음에도 불구하고 조기개입과 적절한 개입은 매우 어려운 실정이다. 이에 저자는 경계선 지능 아동·청소년에 특화된 정서 사회성 훈련 매뉴얼을 제작하였다.

　'느린 학습자 정서 사회성 훈련 프로그램'은 긍정적 자기개념, 자신과 타인의 감정 인식, 감정

조절, 의사소통 기술, 친구 사귀고 관계 유지하기, 사회적 갈등 상황에서 문제해결력 발휘하기 등의 기술을 익힐 수 있도록 구성하였다. 4~6명의 소집단을 위한 프로그램으로 구성하였으며, 경계선 지능 아동·청소년으로만 구성된 집단보다는 평균지능인 아동·청소년과 집단을 형성할 때 더욱 긍정적인 효과를 기대할 수 있으므로 집단을 구성할 때는 이 점을 고려해야 한다. 또한 도입부의 놀이를 1:1 놀이로 바꾸면 집단뿐만 아니라 개별적인 경계선 지능 아동·청소년의 사회성 훈련에도 쓰일 수 있으므로 다양하게 적용할 수 있다.

이 프로그램을 통해서 경계선 지능 아동·청소년이 정서와 사회성을 발달시켜 현재의 일상생활 및 학교에서의 적응은 물론, 학교를 졸업한 이후의 삶에서 실패로 연결될 수 있는 개인적 문제를 극복하거나 최소화하여 성공적으로 사회에 적응하는 데 필요한 자질을 키울 수 있기를 기원한다.

2022년 3월
박현숙

서론

1. 경계선 지능의 정의

미국의 지적발달장애협의회(formerly called the American Association on Mental Retardation: AAIDD-11)의 매뉴얼에 따르면, 경계선 지능을 가진 사람들은 지적 장애 진단 기준보다는 높지만 평균지능에는 미치지 못하는 지능지수를 가지고, 지적 장애를 가진 사람들이 겪는 것과 유사한 사회적 어려움을 겪는 사람들을 말한다. 『정신질환의 진단 및 통계편람(제5판) [Diagnostic and Statistical Manual of Mental Disorders (5th ed.): DSM-5]』에서는 경계선 지능을 '임상적인 관심을 요하는 별도의 조건들'에 해당하는 V코드로 분류하였다. DSM-5에서는 경계선 지능과 지적 장애를 구분하기 위해서 지적 기능과 적응 기능 간의 불균형에 대한 주의 깊은 평가를 해야 한다고 명시되어 있다. 국제질병분류(International Classification of Diseases: ICD-10)에서도 지적 기능과 적응행동에 대한 평가를 포함해서 지적 장애의 기준을 설명할 수 있어야 한다고 설명한다. 우리나라에서는 경계선 지능을 가진 사람을 '경계선 지능인'이라 칭하고 "지적 장애에 해당하지는 않지만 평균지능에 도달하지 못하는 인지능력으로 인해 소속되어 있는 사회에 적응하지 못하여 지원과 보호가 필요한 자"를 뜻한다(서울시의회, 2020). 경계선 지능인이 아동기나 청소년기에 해당할 경우 경계선 지능 아동·청소년이라 할 수 있다. 느린 학습(slow learning)의 특성을 가지는 경계선 지능 아동·청소년을 다른 말로 '느린 학습자'라고 부른다.

대부분의 논문과 매뉴얼에서 경계선 지능인의 공통적인 어려움을 언급하고 있다. 적응행동에 심각한 문제를 가지고 있지만 지능지수가 장애 기준에 부합되지 않기 때문에 지적 장애에 해당하는 도움이나 서비스를 받을 수 없다는 점이다. 경계선 지능의 지능지수 범주에 해당하는 점수를 가진 사람 모두가 적응행동에 문제를 가진 것은 아니며, 따라서 모두에게 도움이 필요한 것은 아니다. 그러나 도움을 필요로 하는 훨씬 더 많은 경계선 지능인이 명백히 존재하며, 이들을 더욱 사회적응적으로 이끌기 위한 특성연구와 개입을 위한 프로그램 개발은 시급한 과제다. 아직까지도 경계선 지능에 대한 인식과 관심의 부족으로 이에 해당하는 사람들의 특성을 어떻게 다뤄야 할지를 알려 줄 수 있는 합의된 정의나 규정이 없다. 앞서 설명한 매뉴얼과 선행연구들을 종합해 보면 경계선 지능 아동·청소년은 "지적 장애에 해당하지는 않지만 평균지능에 도달하지 못하는 인지능력으로 인해 소속되어 있는 사회에 적응하지 못하여 지원과 보호가 필요한 아동·청소년"이라고 할 수 있다.

2. 경계선 지능 아동·청소년의 발달적 특성

경계선 지능 아동의 대다수가 영유아기, 학령전기에는 특수교육이나 별도로 계획된 개입이 필요한 것으로 여기지 않는다. 어떤 수준까지는 사물을 이해할 수 있고 기능적인 기술 면에서 심각한 문제를 보이지 않기 때문이다. 이 아동들은 평범하게 기능하며 신체적인 민첩성도 있고 다른 환경에서 곧잘 적응하는 편이다. 또한 일반적인 감각을 표현하고 적절한 기억력을 보이기도 한다(Shaw, 2008). 그러나 일반적인 인지기능보다 더 고차원의 정신적 처리를 요하는 과제를 수행해야 할 때 전형적인 문제가 드러난다. 추상적인 사고, 조직화 기술, 정보를 일반화하지 못하는 결함 때문에 과제수행에 실패하고, 이것들이 결국 학업적 성공에 걸림돌이 된다(Balado, 2003).

Karande 등(2008)은 경계선 지능 아동의 임상적 특징과 교육심리학적인 측면에 대해 연구했는데 신체적인 면에서 일반적인 아동과의 별다른 차이를 발견하지 못했다. 이 때문에 교사나 부모는 겉으로 드러나는 신체적 특징으로는 일반 아동과 경계선 지능 아동을 구별할 수 없어서 동일한 기대치를 가진다(Kaznowski, 2003). 부모는 자녀에게 적합지 않은 학습을 강요하거나 노력의 부족을 탓하기도 한다. 경계선 지능 아동·청소년은 일반학교의 보통학급에서 두드러지지 않아서 교사의 개별적인 관심을 받지 못함으로 인해 학업적으로 실패가 누적되면서 학교에 부적응하게 된다(Krishnakumar et al., 2006).

Reddy 등(2006)은 경계선 지능의 인지적 특성으로 합리적인 사고가 어려울 정도의 제한적인 인지능력, 기억력 부진, 산만함, 자신을 말로 표현하고 들은 것을 이해하는 능력이 부족해서 언어발달이 부진하며, 사고 표현에 어려움을 겪는다고 하였다. 또한 경계선 지능의 정서적 특성으로 행동이나 사고표현이 느림, 부주의함, 공격성, 미성숙과 지나친 내향성, 부적응 등을 꼽았다.

우리나라에서 경계선 지능 아동·청소년의 대부분은 지능적 특성에 바탕을 둔 별도의 관심이나 지원 없이 일반 학교의 보통학급에 다니고 있다. 대부분의 경계선 지능 아동·청소년은 제학년에서 요구하는 학습 수준에 도달하지 못하고, 또래관계에서 소외되거나 따돌림당하는 사회적 부적응 문제를 겪고 있다(정희정, 이재연, 2008). 이러한 인지적 특성과 정서적 특성 때문에 경계선 지능 아동·청소년은 사회적으로 인정받고 존중받기가 매우 어려우며, 사고의 어려움 때문에 자기평가와 자신의 행동에 대한 결과를 예측하기 힘들다. 그리고 사회적 경험의 부재로 인해 적응을 어렵게 하는 태도와 행동양식을 가지고 있을 확률이 더 높다.

요약하자면, 경계선 지능 아동·청소년은 전반적으로 인지기능의 속도나 효율성이 떨어지고, 이 때문에 정서적으로 부정적인 영향을 받으면서 사회성의 발달이 부진해지며, 결국 사회적으로 적응하지 못해 어려움을 겪는다.

3. 경계선 지능 아동·청소년의 사회성

1) 사회적 행동 특성

경계선 지능을 가진 아동은 또래에 비해 혼자놀이를 더 많이 하고, 또래나 집단에 참여하여 누군가와 함께 놀이하는 경우가 더 적은 편이다. 경계선 지능 아동의 또래 상호작용에 대한 연구에서 나타난 결과에 따르면, 경계선 지능을 가진 아동들끼리 짝을 이뤘을 때보다 평균범주의 지능을 가진 아동과 짝을 이뤘을 때 긍정적인 상호작용의 양이 2배가량 더 많았다고 한다.

사회적 정보를 처리하는 데는 일반적인 또래와 차이가 있다. 다양한 사회적 상황에서 일반적인 아동에 비해 경계선 지능을 가진 아동은 주로 더 소극적이거나 혹은 공격적인 모습을 보일 수 있으며, 적극적이면서 긍정적인 반응을 보이는 경우는 드문 편이다. 이는 내적 또는 외적 갈등이 생겼을 때, 그 상황에 대한 자기 평가나 문제를 해결하기 위해서 대안을 선택하는 능력 등이 미성숙하기 때문인 경우가 많다.

표정 인식에 있어서는 지적 장애를 가진 아동보다는 더 능숙하지만, 평균지능을 가진 아동에 비해서는 부족한 편이다. 슬픔이나 기쁨, 화에 대한 인식은 또래와 크게 차이가 없다. 그러나 타인의 표정에 대해 맥락적 요소를 고려하는 해석이 어렵고, 불안이나 두려움 같은 2차 감정의 인식을 어려워하는 경향이 있다.

2) 경계선 지능 아동 · 청소년의 사회적 적응을 위한 개입 효과

Nestler와 Goldbeck(2011)은 독일의 특수직업훈련센터에 다니는 경계선 지능 청소년 77명을 실험군과 대조군에 배치한 후, 실험집단의 청소년을 대상으로 경계선 지능에 특화된 사회성 훈련을 실시하였다. 실험집단의 청소년들에게는 직업교육과 1년 4단계 과정으로 짜인 사회성 훈련을 병행해서 실시했고, 대조군 집단의 경계선 지능 청소년에게는 기존의 직업교육만을 이수하게 하였다. 사회성 훈련을 마친 후 실험집단의 청소년들은 사회적 문제해결력, 일상생활에서 개별적인 행동목표의 달성 등 사회성의 여러 측면에서 유의한 개선을 보였다. 개개인의 문제행동이 줄어들었으며, 친사회적 행동이 늘어났고, 일상생활에서의 만족도가 더 커졌다. 결과적으로, 경계선 지능 청소년의 사회성 훈련이 정서적 · 행동적 문제를 가진 청소년들에게 도움이 되는 개입임을 알게 되었다.

동일한 사회성 훈련 프로그램은 아니지만 Najma 등(2012)이 초등 1학년 경계선 지능 아동을 대상으로 진행한 학업적인(Academic) 개입에서도 인지기능이 개선되면서 사회성 증진의 효과가 있었다. 적응, 자조와 개인적 책임감 면의 점수가 유의하게 상승했으며, 더 세부적으로는 대인관계, 의사소통, 또래와의 상호작용, 자아존중감 측면에서 성장이 나타났다.

그러나 무엇보다도 경계선 지능을 가진 아동 · 청소년의 특수한 요구에 부합하도록 설계된 집단 중재 프로그램은 매우 드물고, 이러한 프로그램의 효율성을 탐색하는 연구 또한 매우 드물다

(Nestler et al., 2011). 인지기능의 증진 못지않게 경계선 지능 아동·청소년에게 중요한 것은 사회적응력의 향상이므로 이 부분에 대한 개입에 힘써야 한다.

4. 경계선 지능 아동·청소년을 위한 정서 사회성 훈련 프로그램의 이해 ■

1) 정서 사회성 훈련 프로그램의 필요성

경계선 지능 아동·청소년의 전형적인 특성 중의 하나는 사회적 발달의 지체와 사회성의 부족이다. 평균적 지능을 가진 또래와 비교했을 때 지적 장애를 가진 사람들에게서 약 2배 이상 많은 정서적·행동적·사회적 문제가 나타난다고 하며(Deb et al., 2001), 지능이 낮을수록 사회성의 발달 정도가 낮다는 연구(Kumar et al., 2009) 결과가 있다. 경계선 지능은 사회적 관계를 맺고 적응하며 통합해 가는 능력의 발달을 방해해서 학교에서 일터로의 전환, 또래나 동료와의 안정적인 관계 형성과 같은 중요한 발달과업의 달성을 가로막는다(Nestler & Goldbeck, 2011). 경계선 지능 아동의 75%가 부적응적인 사회적 기술을 가지고 있다는 연구 결과도 있다(Kabale & Forness, 1996). 경계선 지능 아동의 대부분이 감정을 인식하고 구별하기 어려워했으며, 상호작용을 어려워하고, 문제해결 기술도 떨어지는 것으로 밝혀졌다. 평균지능을 가진 아동과 비교했을 때 또래 집단에 거의 받아들여지지 않았으며, 또래 갈등에 휩싸인 경우도 훨씬 더 많았다.

사회성의 발달은 경계선 지능 아동·청소년의 학교 적응뿐만 아니라 학교를 졸업한 이후의 삶과 자립에도 영향을 미친다. 경계선 지능 아동의 사회성을 발달시켜 학교를 졸업한 이후의 삶에서 실패로 연결될 수 있는 개인적 문제를 극복하거나 최소화하여 성공적으로 적응하는 데 필요한 자질을 키우도록 개입해야 한다.

2) 경계선 지능 아동·청소년을 위한 정서 사회성 훈련 프로그램의 목표

이 프로그램을 통해서 경계선 지능 아동·청소년이 학교와 일상생활에서의 적응, 학교를 졸업한 이후의 삶과 자립에 필요한 사회적 기술들을 익히도록 한다. 이를 위해 다음을 목표로 정한다.

첫째, 자신과 타인의 감정을 올바로 지각하고, 인식하며, 조절할 수 있도록 한다.

둘째, 사회적 관계 맺기의 경험을 제공하고 유지할 수 있는 다양한 기술을 연마한다.

셋째, 각 회기에서는 사회적 상황에서 나타날 수 있는 여러 가지 문제해결 상황을 만들고, 이를 해결하는 과정을 경험하면서 문제해결력을 키운다.

넷째, 자신의 행동을 통찰하는 경험을 통해 스스로와의 긍정적이고 구체적이며 적극적인 소통을 연습하여 보다 바람직한 사회적 적응을 준비하도록 돕는다.

3) 경계선 지능 아동 · 청소년을 위한 정서 사회성 훈련 프로그램 회기별 구성 내용 및 진행 방법

회기별로 긍정적 자기개념, 자신과 타인의 감정 인식, 감정조절, 의사소통 기술, 친구를 사귀고 관계 유지하기, 사회적 갈등 상황에서 문제해결력 발휘하기에 대한 내용을 담고 있다. 정서 사회성 훈련 프로그램은 사회적 기술 각각의 내용과 활동, 적절한 상호작용 방법과 발문, 회기별 활동지, 마무리를 위한 자기평가를 포함하고 있다.

1회기 동안의 과정은 90분 동안 도입-본 활동-마무리의 순서로 진행한다. 도입부는 놀이나 게임을 배치하여 정서적 이완과 실질적인 사회적 기술을 시험해 보고 연습할 수 있는 경험으로 구성한다. 특히 모든 회기의 도입부에는 놀이와 함께 자신과 타인의 정서인식 훈련을 목표로 하는 정서 관련 활동을 공통적으로 배치하였다. 이를 통해 정서 표현과 자신과 타인의 정서 관찰을 꾸준히 연습할 수 있을 것이다. 본 활동은 회기별 목표에서 정한 사회성 기술의 하위요소들에 대한 학습과 이를 적용할 수 있는 활동으로 구성하였다. 또한 사회적 기술을 익히게 하기 위한 교사의 발문이 함께 설명되어 비훈련지도자가 사용하기에도 부담스럽지 않도록 교재를 구성하였다. 마무리는 기억력이 부족한 경계선 지능 아동 · 청소년의 특성을 고려하여 매 회기의 활동내용을 돌아보고 자신의 활동과 타인의 활동을 되짚어 보며, 의미를 찾고 정리할 수 있는 시간으로 구성하였다.

도입부의 놀이와 전개의 본 활동은 집단원의 특성이나 회기별 상황에 따라 순서를 변경할 수도 있다. 예를 들어, 놀이 이후에 산만해져서 본 활동 전개가 어려울 경우, 본 활동을 먼저 한 후 도입부의 놀이를 하면서 사회적 기술을 연습할 수 있는 경험을 제공하거나, 본 활동에 긍정적으로 참여한 것에 대한 보상으로 놀이를 제안할 수도 있다. 도입부의 놀이는 내담자 집단이나 개인에 따라 적절하게 바꿔서 사용할 수 있으며, 청소년 집단의 경우에는 도입부를 생략하고 본 활동과 마무리만으로 회기를 구성하여 프로그램을 진행하는 것도 가능하다.

■ 참고문헌

서울시의회(2020). 서울특별시 경계선지능인 평생교육 지원 조례.

정희정, 이재연(2008). 경계선 지능 아동의 특성. 특수교육학 연구, 42(4), 43−66.

AAIDD. (2010). *Intellectual Disability. Definition, classification, and systems of supports* (11th ed.). Washington, D. C.: Author.

American Psychiatric Association. (1994). *The Diagnostic and Statistical Manual of mental disorders,* (4th ed.). Arlington, VA: Author.

American Psychiatric Association. (2013). *The Diagnostic and Statistical Manual of mental disorders,* (5th ed.). Arlington, VA: Author.

Balado, C. (2003). *Teacher to teacher, slow learner questions*. University of Central Florida, School Psychology/Counselor Educational Programs. Retrieved from http://forum.swarthmore.edu/t2t/thread.taco?thread=5858.

Deb, S., Thomas, M., & Bright, C. (2001). Mental disorder in adults with intellectual disability. I: Prevalence of functional psychiatric illness among a community-based population aged between 16 and 64 years. *Journal of Intellectual Disability Research, 45*(6), 495−505. https://doi.org/10.1046/j.1365-2788.2001.00374.

Karande, S., Kanchan, S., & Kulkarni, M. (2008). Clinical and psycho-educational profile of children with borderline intellectual functioning. *Indian Journal of Pediatrics, 75*(8), 795−800.

Kavale, K. A., & Forness, S. R. (1996). Social deficits and learning disabilities: A meta-analysis. *Journal of Learning Disabilities, 29*(3), 226–337.

Kaznowski, K. (2003). Slow learners: Are educators leaving them behind? *National Association of Secondary School Principals Bulletin, 88*(641), 31–45.

Krishnakumar, P., Geeta, M. G., & Palat, R. (2006). Effectiveness of individualized education program for slow learners. *Indian Journal of Pediatrics, 73*(2), 135–137.

Kumar, I., Singh, A. R., & Akhtar, S. (2009). Social development of children with mental retardation. *Industrial Psychiatry Journal, 18*(1), 56–59.

Najma, I., Rehman, G., & Hanif, R. (2012). Effect of Academic Interventions on the Developmental Skills of Slow Learners. *Pakistan Journal of Psychological Research, 27*(1), 135–151.

Nestler, J., & Goldbeck, L. (2011). A Pilot study of social competence group training for adolescents with borderline intellectual functioning and emotional and behavioural problems(SCT-ABI). *Journal of Intellectual Disability Research, 55*(2), 231–241.

Reddy, G. L., & Kusuma, R. A. (2006). *Slow Learners their Psychology and Instruction.* 박현숙 역(2013). 경계선 지적 기능 아동·청소년을 위한 느린 학습자의 심리와 교육. 서울: 학지사.

Shaw, S. R. (2008). An educational programming frame work for a subset of students with diverse learning needs: Borderline intellectual functioning. *Interventions in School and Clinic, 43*(5), 291–299.

World Health Organization. (1992). *International classification of Diseases, Revision 8*(ICD-10).

차례

긍정적
자기개념 갖기

① 만나서 반갑습니다

활동목표	1. 정서 사회성 훈련 프로그램의 개념과 그 필요성을 안다. 2. 이름표 만들기를 통해 나를 친구에게 소개할 수 있다. 3. 서로에 관해 알고 더 가까워질 수 있다.	집단구성	소집단
		소요시간	90분
활동과정	활동내용	시간(분)	준비물
도입	1. 교사가 자기를 소개한다. 2. 정서 사회성 훈련 프로그램의 개념과 그 필요성을 설명한다. • 〈자료 1-1〉을 여러 장 복사해서 카드를 하나씩 자른다. 잘라 놓은 카드들을 책상 위에 흩어 놓은 후, 자기가 필요하다고 생각하는 항목들을 필요한 만큼 고르게 한다. • 자기가 가진 카드들을 큰 소리로 읽어 보게 한다. • 마지막으로 교사가 "여러분들이 지금 함께 고른 것들을 모두 이룰 수 있도록 도움을 주려고 하는 프로그램이 바로 여기랍니다. 모두가 바라는 것들을 이루길 바랍니다."라고 정리한다. 3. 프로그램 내에서의 규칙을 정하고 〈나의 약속〉을 작성한다. • 교사가 〈나의 약속〉에 1, 2, 3에 적힌 것들을 이야기해 주고 나머지는 자기가 지킬 수 있는 약속들을 적고 싶은 만큼만 적어 보게 한다.	20	〈자료 1-1〉 〈자료 1-2〉

	〈활동 1: '내가 최고' 이름표 만들기〉 ● 구성원끼리 둥글게 앉는다. ● 다른 사람들과 비교하여 자기가 최고라고 생각하는 것이나 자기만 가진 특징이라고 생각하는 것을 나타내는 형용사를 정한다. 교사가 먼저 시범을 보이면 구성원들이 쉽게 이해하는 데 도움이 될 수 있다(예: 가장 동그란, 가장 통통한, 가장 깜찍한, 가장 머리가 긴, 가장 마른, 가장 무뚝뚝한, 가장 잘생긴, 가장 잘 웃는……). ● 준비된 포스트잇에 "가장 ～한 ○○○"라고 써서 자신의 몸에 붙이고 싶은 곳에 붙인다. ● 돌아가면서 각자 그 별칭을 짓게 된 동기를 설명한다	20	
전개	〈활동 2: 쏟아진 과일바구니〉 ● 구성원들이 원 대형으로 의자에 앉게 한다. ● 전체 구성원 수보다 의자 수를 1개 적게 하고, 술래를 정한다. ● 구성원의 수에 따라 두 명이나 세 명씩 끊어서 포도, 수박, 사과 등의 과일로 각자의 이름을 정한다. ● 술래가 과일 장수가 되어 가운데에 서서 과일 이름들 중에서 한 가지 또는 그 이상을 부르면(예: 포도!, 포도와 사과!) 자신의 과일 이름에 해당되는 사람들은 자리에서 일어나 재빨리 다른 자리로 옮겨야 하며 이때 술래도 재빨리 빈자리를 찾아서 앉아야 한다. ● 앉지 못한 한 사람이 새로운 술래가 된다. ● 술래가 "과일바구니가 쏟아졌다." 또는 "떨이요!" 하고 외치면 이름과 상관없이 모두 일어나서 자리를 바꾸어야 한다.	20	여러 가지 모양과 색깔의 포스트잇
	〈활동 3: 이름표 떼기〉 ● 붙어 있던 이름표를 얼굴의 아무 곳에나 붙이게 한다. ● 손을 뒤로 하고 나머지 신체를 움직여서 이름표를 뗀다.	10	

	● 춤을 추거나 얼굴표정을 재미있게 지어서 가장 많이 웃게 해 준 친구를 뽑는다. "누가 가장 재미있었니?"라고 물으면 동시에 손가락으로 누군가를 가리키게 한다. 뽑힌 친구에게 "웃게 해 줘서 고마워."라고 말하며 박수를 쳐 준다.		
마무리	● 수업에 오기 전과 수업을 마치고 난 후의 느낌을 찾아보고 그 이유를 써 본다. ● 어떤 활동이 가장 재미있었고 그 이유가 무엇인지를 써서 발표해 보게 한다.	20	〈자료 1-3〉
유의사항	놀이를 진행할 때 지나친 몸싸움이 일어나지 않도록 공간을 배분한다. 활동지를 쓸 때 지나치게 부담을 주기보다는 쓰고 싶은 만큼만 쓸 수 있게 한다.		

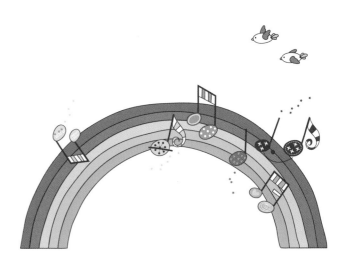

내게 필요한 것들

행복한 마음 가지기	내 마음을 더 잘 표현하기	내가 더 멋진 사람이라는 걸 알아내기
다른 사람들이랑 사이좋게 잘 지내기	서로 도움 주고 도움 받기	서로 칭찬해 주고 좋은 생각들을 나누기
싸우지 않고 해결하는 방법 알기	잘 참는 연습하기	화가 많이 날 때 잘 해결하기
친구들이 힘들게 할 때 어떻게 할지 알기	다른 사람의 감정을 잘 알기	자신감 갖기
목표를 정해서 원하는 것을 이루기	배우는 즐거움 알기	다른 사람에게 인정받는 내가 되기

〈자료 1-2〉

나의 약속

날짜: 이름:

나는 우리가 재미있고 유익한 프로그램을 함께 만들어 가기 위해 다음과 같은 규칙을 지킬 것입니다.

1. 활동에 열심히 참여한다.

2. 다른 친구들의 말을 열심히 듣는다.

3. 수업시간에 다른 사람을 비난하는 말은 사용하지 않는다.

4. _____

5. _____

6. _____

7. _____

날짜: 년   월   일

이름: _____ (서명)

지금 내 느낌은

날짜:＿＿＿＿＿＿＿　　　이름:＿＿＿＿＿＿＿

긍정적인 표현

기쁘다	만족하다	편안하다	기분좋다	따뜻하다	위안되다
반갑다	뭉클하다	든든하다	행복하다	포근하다	자신있다
즐겁다	포근하다	시원하다	후련하다	통쾌하다	흐뭇하다
멋있다	신난다	자랑스럽다	평화롭다	담담하다	뿌듯하다
근사하다	상쾌하다	싱그럽다	아늑하다	재미있다	기대된다

부정적인 표현

지루하다	답답하다	억울하다	서운하다	지겹다	불쾌하다
얄밉다	두렵다	겁나다	허탈하다	처량하다	불만스럽다
슬프다	울적하다	속상하다	부끄럽다	민망하다	주눅들다
아쉽다	불안하다	무섭다	긴장되다	걱정되다	불쌍하다
외롭다	울고싶다	절망스럽다	원망스럽다	후회스럽다	막막하다

♡ 오늘 수업 시작하기 전과 수업을 하고 난 후의 느낌을 선택해 보세요. 그런 느낌이 든 이유는?

1. 오늘 수업 시작하기 전의 나의 느낌은 ＿＿＿＿＿＿＿＿＿＿＿＿＿＿＿＿

   왜냐하면 ＿＿＿＿＿＿＿＿＿＿＿＿＿＿＿＿＿＿＿＿＿＿＿＿＿＿＿＿＿

2. 오늘 수업하고 난 후의 내 느낌은 ＿＿＿＿＿＿＿＿＿＿＿＿＿＿＿＿＿

   왜냐하면 ＿＿＿＿＿＿＿＿＿＿＿＿＿＿＿＿＿＿＿＿＿＿＿＿＿＿＿＿＿

♡ 오늘 수업에서 가장 재미있었던 점은 ＿＿＿＿＿＿＿＿＿＿＿ 입니다.

   왜냐하면 ＿＿＿＿＿＿＿＿＿＿＿＿＿＿＿＿＿＿＿＿＿＿＿＿＿＿＿＿＿

활동목표	1. 자신의 내적인, 외적인 모습을 집중해서 관찰할 수 있다. 2. 스스로에 대하여 긍정적인 느낌을 가질 수 있다.	집단구성	소집단
		소요시간	90분
활동과정	활동내용	시간(분)	준비물
도입	1. 감정 일기를 작성 ● 매 회기마다 지난 일주일 동안 가장 기억에 남았던 사건 한 가지씩을 기억해서 이야기해 보게 한다. ● 이때 감정표를 꺼내서 대표감정을 찾아보게 하고 그 감정이 들었던 이유를 말하게 한다. 이야기를 들어주고 느낌에 공감해 주며, 위로나 지지를 해 준다. ● 이야기하고 난 후에 간단하게 감정 일기를 작성하게 한다. 2. 감정표 잘라서 모아 놓고 찾아오기 ● 〈자료 2-2〉를 두 장 복사해서 감정표 2장의 감정을 잘라 낸다. ● 두 팀으로 나누고, 잘라 놓은 감정표를 모아 놓은 통 안에서 교사가 말하는 감정을 먼저 찾아오는 팀이 이기는 게임이다. ● 익숙해지면 감정을 2~5개까지 늘리고 한 번에 찾아올 수 있게 한다. 또 팀원 전체가 5개의 감정을 함께 찾아올 수 있게 해서 서로 협동할 수 있는 기회를 제공한다.	20	코팅된 감정표, 〈자료 2-1〉 〈자료 2-2〉 가위

	〈활동 1: 산가지 만들기〉		나무젓가락
	● 나무젓가락 30여 개를 반으로 자른다.		유성펜
	● 유성매직이나 색테이프 등의 재료를 활용하여 자기가		색테이프
	원하는 모습의 산가지를 만든다.		네임펜
	● 자신이 바라는 일이나 자성예언들을 산가지에 세로로	30	검정볼펜
	또는 가로로 적어 넣어 보게 한다. 교사는 자성예언이		파랑볼펜
	적힌 자료를 주고 아이들이 참고하게 하고, 그 외에도		
	쓰고 싶은 말을 자유롭게 쓰도록 한다. 이때 비난하는		
	말이나 그 산가지를 가진 다른 아이의 기분을 상하게		
	하지 않는 긍정적인 말들을 선택할 수 있도록 한다.		
	● 가장 마음에 드는 산가지를 고르게 한 후 〈나에게 주		
	는 선물〉이라는 표시로 자기 이름을 쓰게 한다.		
전개	〈활동 2: 나는 이런 사람입니다〉		
	● 〈자료 2-3〉을 나누어 주고 가운데에 자신의 모습을		〈자료 2-3〉
	간단히 그려 보게 한다. 잘 그릴 필요는 없지만 무성의		원 모양
	하게 그리거나 장난처럼 그리지 않도록 한다. 아이들		스티커
	의 사진을 찍어서 A4용지에 프린터로 뽑은 후 오려서		
	사용해도 좋다.		
	● 둘레에 있는 네모 칸들에는 자신에 대한 특징들을 써		
	보게 한다. 칭찬할 만한 점이 없다고 하는 아이에게는		
	교사가 외모나 태도 행동에서 볼 수 있는 특징들을 이	20	
	야기해 주고 그것들을 장점으로 이끌어 낼 수 있게 이		
	야기해 준다(눈이 작은 아이에게 "웃을 때 네 눈이 초		
	승달 모양이 되는데 그거 아니?" "네가 만날 때마다 환		
	하게 웃어 줘서 마음이 따뜻해져." 등).		
	● 모두 쓰고 나서 가장 마음에 드는 것 한 가지씩만 읽어		
	보게 한다.		
	● 칠판이나 한쪽 벽에 모두의 활동지를 붙이고, 감상해		
	보는 시간을 갖는다. 이때 각자 5개씩의 동그라미 스티		
	커를 가지고, 다른 사람의 활동지에서 마음에 드는 장		
	점에 스티커를 붙이게 하고 이유를 말해 본다.		

마무리	● 마무리용 활동지 적기 　마무리용 활동지 적은 것들을 모두 함께 읽어 본다.	20	〈자료 2-4〉
유의사항	도입부에서 아이들이 좀 더 역동적인 놀이를 원할 경우, 다른 놀이들을 활용하여 융통성 있게 운영할 수도 있다. 활동지를 색깔이 있는 종이에 복사해서 사용하면 보다 적극적으로 쓰게 하는 데 도움이 될 수 있다.		

감정 일기

날짜: **이름:**

● 다음 네모 칸 안에 지난 한 주 동안 여러분에게 일어난 한 가지 일에 대해 적어 봅시다. 여러분은 그때 어떤 느낌이었나요? 그렇게 느낀 이유는 무엇이었나요?

그 일이 일어난 날짜 (월/일/요일)	일어난 일 (사건)	내가 느낀 것 (감정)	그렇게 느낀 이유

〈자료 2-2〉

감 정 표

나는 이런 사람입니다

날짜: 이름:

- 나의 외모, 습관, 성격, 행동 중에서 내 마음에 드는 것들을 네모 안에 적어 봅시다.
- 가족이나 친구들, 선생님들에게 칭찬 받았던 점을 적어도 좋습니다.

예 나는 콧구멍이 커서 코가 막혀도 숨을 잘 쉴 수 있어요. 나는 손이 아주 커서 농구할 때 공을 잘 잡을 수 있어요. 나는 달리기를 잘해서 장난치고 도망가기를 잘해요. 나는 언제 어디서나 잠을 잘 자요. 나는 친구랑 싸워도 금방 먼저 화해해요.

나의 몸을 그리거나
내 전신 사진을 붙인다.

〈자료 2-4〉

오늘 수업에 관해 이야기 나누기

날짜: _____   이름: _____

● 몇 점만큼 즐거웠는지 색칠해 봅시다.

1	2	3	4	5	6	7	8	9	10

● 가장 재미있었던 활동은 무엇이었나요?

● 하면서 어려웠던 점은 무엇이었나요?

● 새롭게 알게 된 사실은 무엇이었나요?

● 오늘 내가 가장 잘했던 점은 무엇인가요?

3 서로 다르다는 것을 인정하고 자신의 독특한 특성 알기

활동목표	1. 또래집단과 자신이 다를 수 있다는 것을 인식한다.	집단구성	소집단
	2. 그 자체로 가치가 있는 자신의 특성을 말할 수 있다.	소요시간	90분
활동과정	활동내용	시간(분)	준비물
도입	1. 감정 일기 작성 ● 지난 한 주 동안 있었던 일 중에서 가장 생각나는 일 두 가지를 자유롭게 이야기한다. 가장 좋았던 일과 가장 기분 나빴던 일에 대해 이야기하고 활동지에 적어 본다.	10	〈자료 3-1〉
	2. 마음열기 놀이 ● 해 본 적이 있나요? 게임 – 원형으로 모여서 한 사람의 술래가 가운데 서서 자신의 경험을 말할 때, 같은 경험을 해 본 적 있는 사람들이 모두 자리에서 일어나 다른 자리로 옮겨 가는 활동이다. 다양한 경험을 이야기하며 자신의 경험과 다른 점과 같은 점들에 관해 생각해 보는 기회를 갖는다. ① 각자 자리를 차지하고 원으로 둘러선다. 바닥에 원을 그리거나 의자를 놓고 앉아도 좋다. ② 술래는 원 가운데 종이를 한 장 깔아 놓고 그 위에 선다. 원에는 빈자리가 없어야 한다. ③ 술래가 된 사람은 "나는 ~해 본 적이 있다."라는 문장을 완성해서 말한다(예: 나는 수업시간에 장난친 적이 있다. 나는 버스를 타 본 적이 있다).	20	

전개	④ 술래가 자기 경험을 말하면, 같은 경험을 해 본 사람은 술래가 서 있던 가운데의 '고백의 자리'를 밟고 자기가 있던 자리 말고 다른 자리로 간다. 이때 술래는 사람들이 이동하면서 생기는 빈자리로 가서 자리를 차지한다. ⑤ 움직임이 끝나고, 자리를 차지하지 못한 사람 한 명이 자연스럽게 다음 술래가 된다. ⑥ 새로 술래가 된 사람이 "나는 ~해 본 적이 있다."라고 새로운 고백을 하면 활동이 계속된다. ⑦ 어느 정도 경험을 나누는 시간이 지나면, 그동안 술래를 안 했던 사람들도 술래가 되어 경험을 나눌 수 있도록 지목할 수 있다. – 활동을 마무리한 후 모두 원으로 둘러서서 서로 이야기한 경험 중에서 가장 기억에 남는 이야기어서 자세히 듣고 싶은 경험은 무엇이었는지 이야기 나눈다. 재미있었던 질문이 무엇인지 또 그 이유는 무엇인지에 대해서도 이야기 나눈다. *교사는 아이들이 모두 한 번쯤은 해 보았을 경험들을 찾아내서 모두가 움직여 볼 수 있는 기회를 제공하는 역할을 한다.		
전개	〈활동 1: 우리는 달라요〉 ● 칠판 위에 세모와 네모를 한 개씩 그린다. 　아이들에게 세모와 네모의 같은 점이 무엇인지 찾아보게 한다. 아이들이 말하는 것을 모두 칠판에 적는다. 또 세모와 네모의 다른 점은 무엇인지 찾아보게 한다. 이때도 말한 것을 모두 칠판에 적는다. ● '우리 모두가 이 세모와 네모처럼 같은 점도 있고 다른 점이 있으며, 둘 다 틀린 것이 아니라 다르다'는 것을 인식하게 한다.	50	

	〈활동2: 나는 독특해요〉		〈자료 3-2〉
	● 내 주변 친구들이 요즘 보이는 특징들이 무엇이 있는지 생각해 보는 시간을 갖는다. "얘들아! 요즘 친구들은 어떤 놀이를 하면서 노니? 어떤 옷이 유행이야? 어떤 노래들을 주로 부르니? 학교에서 주로 어떤 이야기들을 나누는 것 같아? 친구들은 어떻게 행동할 때 서로 멋있다고 인정해 주니?" 등의 질문을 해서 또래들 사이에서 일어나는 일들에 대해 이야기 나눈다.		
	● 이야기를 나누고 나서, 또래의 아이들이 어떤 것들을 좋아하는지 적어 본다.		
	● 또래들의 모습과 비교했을 때 내가 어떤 다른 외모와 생각, 행동방식을 가지고 있는지에 관해 이야기해 보고 이러한 것들을 적어 본다.		
	● 서로 자신에 대해 적은 것들을 발표해 보고 서로의 공통점과 다른 점들에 관해 이야기 나눈다.		
	*이때 교사는 누구의 어떤 점도 틀린 것은 없고 다르다는 점에 관해 이야기해 주고 서로 인정하고 존중해 줄 것을 당부한다.		
마무리	● 마무리용 활동지 적기	10	〈자료 3-3〉

〈자료 3-1〉

감정 일기

날짜: _____   이름: _____

● 다음 네모 칸 안에 지난 한 주 동안 가장 좋았던 일 한 가지와 가장 기분 나빴던 일 한 가지를 적어 봅시다. 여러분은 그때 어떤 느낌이었나요? 그렇게 느낀 이유는 무엇이었나요?

그 일이 일어난 날짜 (월/일/요일)	일어난 일 (사건)	내가 느낀 것 (감정)	그렇게 느낀 이유

나는 독특해요

날짜: 이름:

● 내 주변에 있는 내 나이 또래의 아이들은 이러한 특성이 있습니다.

· 패션(헤어스타일, 주로 입는 옷 등)

___

· 주로 쓰는 말이나 표현(예: 맞짱, 쪽팔려 등)

___

· 좋아하는 것들 / 싫어하는 것들

___

● 나는 달라요.

*쓰거나 그려도 됩니다.

☆ 나의 외모	☆ 나에게 중요한 것
☆ 자주하는 행동	☆ 내가 잘하는 것

나는 이런 면에서 독특한 내가 자랑스럽다.

___

나는 이것이 중요하다고 생각한다. 왜냐하면

〈자료 3-3〉

수업을 마치면서

날짜: **이름:**

● 오늘 수업에서 내가 새로 알게 된 점 두 가지는

_____

_____ 입니다.

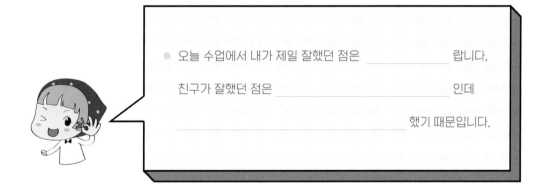

● 오늘 수업에서 내가 제일 잘했던 점은 _____ 랍니다.

친구가 잘했던 점은 _____ 인데

_____ 했기 때문입니다.

35

II

친구 사귀고
관계 유지하기

친구관계에서의 바람직한 행동

활동목표	1. 친구들이 싫어하는 행동에 대해 안다. 2. 친구에게 좋은 느낌을 주는 행동이 무엇인지 배운다.	집단구성	소집단
		소요시간	90분
활동과정	활동내용	시간(분)	준비물
도입	1. 감정 일기 활동지 작성 　● 내가 행복할 때, 슬플 때, 화났을 때의 표정을 지어보게 한다. 이때 서로의 얼굴을 쳐다보며 모두가 각각의 표정에서 나타나는 특징을 말해 본다. 　　– "눈은 어떻게 되는 것 같니?" 　　– "코는 어때?" 　　– "눈썹은 어떤 모양이 되지?" 　　– "입은 어떻게 됐어?" 　　– "선생님이 말한 것 빼고 달라진 점이 또 있는지 말해 볼까?" 　● 〈자료 4-1〉을 주고, 각 동그라미에 내가 화났을 때, 슬플 때, 행복할 때의 표정을 그려 보게 한다. 이때 각 표정을 그리는 원의 위치는 마음대로 정해 본다. 　● 다 그리고 난 후에는 일주일 동안 가장 화난 표정이 됐던 일, 가장 행복한 표정이 됐던 일, 가장 슬픈 표정이 됐던 일을 간략히 얘기하거나 써 보게 한다.	20	〈자료 4-1〉

	〈활동 1: 산가지 놀이〉		
	● 2차시 수업에서 만들었던 산가지를 활용한 놀이를 한다. 이전 수업에서 산가지를 만들지 않았을 경우 또는 산가지 수가 부족할 경우에는 나무젓가락을 50~80여 개가량 반으로 갈라서 산가지로 활용한다.		
	1. 산가지로 탑 쌓기		
	- 두 팀으로 나눠 탑을 쌓는다. 이때 탑의 모양은 각 팀의 결정에 따르고, 정해진 시간 안에 누가 더 높이 쌓는지로 우열을 가린다.		
	- 우열을 가리고 난 후에, 이번에는 각 팀구성원들이 모두 손을 잡고 탑에 둘러선 후 손을 사용하지 않고 입으로 불어서 탑을 무너뜨린다. 바닥까지 먼저 무너뜨린 팀이 이기게 된다.		
전개	2. 산가지 놀이	20	산가지
	- 가위바위보를 하여 놀이 순서를 정하고 순서에 따라 진행한다.		
	- 자기 차례가 되면 산가지 전부를 한 손에 움켜쥔 후 다른 손등 위에 세웠다가 잡았던 손을 펴서 산가지가 흩어지게 한다.		
	- 흩어진 가지들을 집어 가는데, 다른 가지를 건드리지 않으며 계속 집어 간다.		
	- 집을 때 다른 가지를 건드리면 다음 차례로 넘어간다.		
	- 집어 간 가지는 집은 사람의 앞에 모아 둔다.		
	- 차례가 모두 끝나면 집어 간 가지의 수를 헤아려 자신의 점수를 기록한다.		
	- 각자 집어 간 가지의 점수를 합하여 승자를 가린다.		
	〈활동 2: 친구를 모두 잃어버리는 방법〉		
	● 〈자료 4-2〉를 잘라서 6장의 쪽지로 만들어 둔다. 친구랑 놀다가 친구가 나를 화나게 할 때는 언제인지 말해 본다. "얘들아, 선생님이 물어볼 게 있는데 너희	10	〈자료 4-2〉 쪽지 담는 통

는 친구랑 놀 때 친구가 어떤 행동을 하면 화가 나니?"
라고 묻는다.

아이들이 대답할 때 하나씩 쪽지에 써 둔다(예: 코 파기, 별명 부르기 등). 이때 쓰기를 부담스러워하지 않으면 아이들이 직접 적을 수도 있다.

겹치는 내용은 하나로 정리한다.

- 써 놓은 쪽지들을 두 번 접어서 통에 넣는다.
- 아이들을 모여 앉게 한 후 가위바위보로 순서를 정해서 쪽지를 하나씩 뽑는다.
- 자신이 뽑은 쪽지대로 행동해 보기를 한다.
- 친구의 행동에 어떤 느낌이 드는지 돌아가며 이야기 나눈다.

〈활동 3: 친구가 많아지는 방법〉 ● 활동 2와 반대로 친구의 행동 중에서 나를 기분 좋게 하는 행동이 무엇인지를 묻는다. "얘들아, 그럼 이번에는 친구가 어떤 행동을 할 때 내 기분이 좋아지니?" 라고 묻는다. 아이들이 대답할 때 하나씩 쪽지에 써 둔다. 잘 생각해 내지 못하면 교사가 예를 들어 준다(예: 도와줄게, 미안해, 부탁해, 고마워, 어서 와, 미소 짓기, 손 잡기, 팔짱 끼기, 문자 보내기, 칭찬해 줄 때 등). 이때 쓰기를 부담스러워하지 않으면 아이들이 직접 적을 수도 있다. ● 써 놓은 쪽지들을 두 번 접어서 통에 넣는다. ● 아이들을 모여 앉게 한 후 가위바위보로 순서를 정해서 쪽지를 하나씩 뽑는다. ● 자신이 뽑은 쪽지를 읽어 준다. ● 친구가 그런 행동을 했을 때 어떤 느낌이 드는지 돌아가며 이야기 나눈다.	10	〈자료 4-3〉 쪽지 담는 통

	〈활동 4: '친구랑 친해지는 비법' 책 만들기〉 ● 앞에서 했던 활동을 기반으로 내가 할 수 있는 방법으로 '친구랑 친해지는 비법' 책을 만든다. ● 색상이 있는 A4용지를 접고 잘라서 책 모양으로 접은 후에 각자 비법을 적어 책으로 만든다. ● 만든 책을 서로 바꿔서 보거나, 자기가 쓴 책을 읽게 한다.	20	
마무리	● 마무리용 활동지 적기	10	〈자료 4-4〉
유의사항	활동지를 적기 전에 충분히 생각하고 이야기를 나누는 시간을 가져야 좀 더 수월하게 글로 표현할 수 있다.		

〈자료 4-1〉

감정 일기

날짜: _____ 이름: _____

- 크기가 다른 세 개의 동그라미 안에, ① 행복한, ② 화가 난, ③ 슬픈 내 얼굴을 그려 봅시다.
- 지난 한 주 동안 또는 오늘 하루 동안 언제 이런 표정을 짓게 됐는지 써 보세요.

친구가 이럴 때 화나요

날짜:　　　　　　　　　이름:

● 나를 화나게 하는 친구의 행동과 말에 대해 생각해 보고 써 봅시다.

친구가 이렇게 하면 정말 화가 나요.	친구가 이렇게 하면 정말 화가 나요.
친구가 이렇게 하면 정말 화가 나요.	친구가 이렇게 하면 정말 화가 나요.
친구가 이렇게 하면 정말 화가 나요.	친구가 이렇게 하면 정말 화가 나요.

〈자료 4-3〉

친구가 이럴 때 좋아요

날짜: 이름:

● 나를 기분 좋게 해 주는 친구의 행동과 말에 대해 생각해 보고 써 봅시다.

친구가 이렇게 하면 기분이 참 좋아요.	친구가 이렇게 하면 기분이 참 좋아요.
친구가 이렇게 하면 기분이 참 좋아요.	친구가 이렇게 하면 기분이 참 좋아요.
친구가 이렇게 하면 기분이 참 좋아요.	친구가 이렇게 하면 기분이 참 좋아요.

오늘 수업은요

날짜: 이름:

● 오늘 새롭게 알게 된 사실은?

_____

_____

● 오늘 가장 기억나는 것은

_____ 이다.

왜냐하면 _____ 하기 때문이다.

● 다음 그림 중에서 오늘 나에게 칭찬해 주고 싶은 말을 골라 보세요.

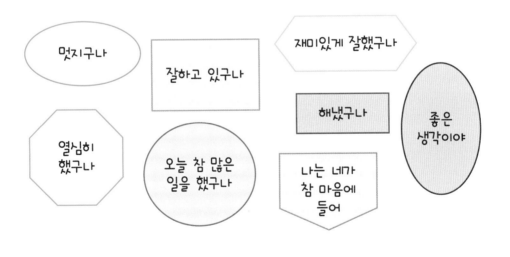

멋지구나

잘하고 있구나

재미있게 잘했구나

해냈구나

좋은 생각이야

열심히 했구나

오늘 참 많은 일을 했구나

나는 네가 참 마음에 들어

마음에 드는 말이 없다면 [   ]

나의 친구 구분하기

활동목표	1. 과거와 현재의 친구관계를 살펴봄으로써 자신을 되돌아보기	집단구성	소집단
		소요시간	90분
활동과정	활동내용	시간(분)	준비물
도입	1. 감정 일기 작성 ● 지난 한 주 동안 지낸 이야기들을 나누고, 오늘 만났던 친구들과 어떤 일들이 있었는지를 가볍게 물어본다. 친구에 대해서 편안히 이야기할 수 있는 기회를 주고 감정일기를 작성한다. 이때 감정표를 2장 정도 준비해서 아이들이 참고할 수 있게 한다.	15	〈자료 5-1〉 감정표
	2. 신문지로 놀이하기 ① 징검다리 놀이 ● 신문지를 두 장 준비한다. 출발선 뒤에 신문지를 펼쳐 놓은 후 한 사람을 제외한 나머지 아이들이 모두 신문지 위에 올라선다. ● 출발 신호와 함께 신문지 위에 있는 아이들은 출발선 앞에 펼쳐 놓은 다른 신문지로 모두 이동한다. 이때 발이 땅에 닿으면 반칙이 된다. ● 아이들 모두가 앞에 있는 신문지 위로 이동하면 나머지 한 사람이 비어 있는 신문지를 앞으로 옮겨 계속해서 징검다리를 만든다. ● 징검다리를 건너뛰다가 한 명이라도 발이 땅에 닿으면 출발점으로 돌아가서 다시 출발해야 하므로 신문지 간격을 적절하게 조절해야 하고, 서로	25	신문지 반환점 표시를 위한 물건

	넘어지거나 발을 땅에 딛지 않도록 도움을 주기도 한다. ● 반환점을 돌아오면 끝이 난다. *인원이 허락할 경우 두 팀으로 나누어서 놀이를 진행해도 좋다. 또 전체가 할 경우에는 반환점을 돌아오는 데 시간이 얼마나 걸리는지를 재서 기록을 비교해 볼 수도 있다. *신문지로 징검다리를 만들어서 옮기는 역할은 돌아가면서 해 볼 수 있고, 다 하고 난 후 누가 징검다리를 잘 만들었는지, 친구들이 다리를 잘 건널 수 있도록 도움을 줬던 친구는 누구였는지, 어떤 점들이 재미있었는지에 관해 이야기 나눈다. ② 신문지에 발을 끼우고 반환점 돌아오기 ● 신문지에 발을 끼울 수 있는 두 개의 구멍을 뚫는다. 둘씩 짝을 지은 후 각자 한 발 씩만 구멍에 넣어 둘이서 신문지를 찢지 않은 채 반환점을 먼저 돌아오는 팀이 이긴다. ③ 신문지에 머리를 끼우고 모두 함께 반환점 돌아오기 ● 신문지에 머리 크기로 전체 인원수만큼의 구멍을 뚫고 구성원 모두가 신문지에 머리를 끼운 후 전체가 밀착된 상태로 반환점을 돌아온다. *신문지를 이용해서 다양한 방법으로 놀이한다.		
전개	〈활동: 친구관계 원그림 그리기〉 ● 생각나는 친구들의 이름을 모두 써 보게 한다(반 아이들의 이름을 생각나는 대로 쓰게 해도 좋다). ● 활동지의 끈끈이, 공일이, 친한이, 아는이에 대해 설명하고 해당 위치에 친구들의 이름을 옮겨 적는다(아이들이 어려워할 수 있는 '공일이'는 가끔 친하게 지내는 경우가 있거나, 같은 모둠, 같은 반, 같은 프로그램 등에 참여해서 함께 활동하는 정도의 친구를 의미한다). ● 그림을 통해 한눈에 보이는 친구관계 모습에 대한 자신의 느낌을 이야기해 본다. *이때 친구가 없다고 하면 각 영역에 넣고 싶은 친구의 이름을 적게 한다.	40	〈자료 5-2〉
마무리	● 마무리용 활동지 적기	10	〈자료 5-3〉

〈자료 5-1〉

감정 일기

날짜: _____ 이름: _____

● 오늘 하루 동안 친구들과 있었던 일 중에 가장 기억에 남는 일은 무엇이었나요. 그 일이
기억나는 이유는 무엇이었나요? 그때 내 느낌은 어땠나요? 그 친구에게 해 주고 싶은
말은 무엇인가요?

내 친구 이름	가장 기억에 남는 일	그 일이 기억에 남는 이유	그때의 내 느낌 (*감정표 참고)	그 친구에게 해 주고 싶은 말

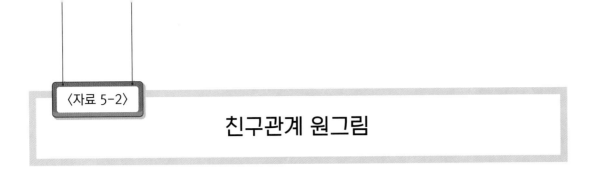

친구관계 원그림

날짜:　　　　　　　이름:

● 친구들의 이름을 생각나는 대로 모두 적어 봅시다.

● 앞에서 적은 친구들의 이름을 친한 정도에 따라 끈끈이, 친한이, 공일이, 아는이의 위치에 써 봅시다.

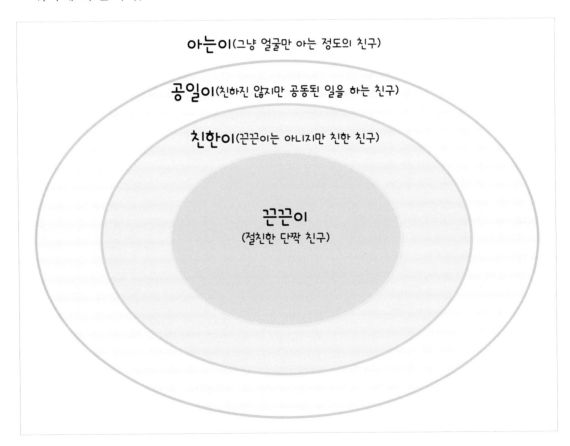

아는이(그냥 얼굴만 아는 정도의 친구)

공일이(친하진 않지만 공동된 일을 하는 친구)

친한이(끈끈이는 아니지만 친한 친구)

끈끈이
(절친한 단짝 친구)

〈자료 5-3〉

수업을 마무리하며

날짜: 이름:

● 오늘 수업하면서 느낀 감정들을 찾아 적어 봅시다.

· 신문지로 놀이할 때는 _____ 했습니다.

　왜냐하면 _____ 때문입니다.

· 친구들의 이름을 쓰고 친구관계 원그림을 그리고 나서 알게 된 점은

　_____ 입니다.

● 오늘 내가 가장 잘했던 점은 _____

입니다.

6 좋은 친구되기

활동목표	1. 좋은 친구의 조건에 대해 알 수 있다. 2. 좋은 친구가 되기 위해 내가 어떤 모습을 가질 것인지 생각할 수 있다.	집단구성	소집단
		소요시간	90분
활동과정	활동내용	시간(분)	준비물
도입	1. 감정 일기 작성 ● 여러 가지 다양한 표정을 만화로 나타내 본다. 친구와 관련된 여러 가지 상황에서의 표정을 만화로 그려 본다. 만화로 그리기 어려울 경우 감정표처럼 동그라미 안에 눈코입의 모양을 그려 넣을 수 있게 한다. ● 먼저 그린 아이들에게는 언제 이런 표정이 되는지를 물어보거나 쓰게 해도 좋다.	15	〈자료 6-1〉 감정표
	2. 놀이: 바둑알 망차기 ● 〈자료 6-2〉에서의 표를 가운데 놓고 1번 칸에 바둑알을 놓는다. ● 엄지와 검지로 바둑알을 튕겨서 선에 닿지 않고 1부터 8까지 먼저 바둑알을 옮기는 사람이 이긴다. ● 아이들이 차례로 돌아가면서 한 번씩 쳐도 되고, 한 사람이 처음부터 끝까지 해 보다가 선에 닿거나 바둑알이 튕겨 나갈 때 다음 차례로 넘어가게 해도 좋다.	25	바둑알 〈자료 6-2〉

전개	〈활동 1: 좋은 친구 특성 찾기〉 ● 좋은 친구가 되기 위해서 가져야 할 특성은 무엇이 있을까? 나는 친구가 어떻게 할 때 좋은 친구라고 생각하는지 각자 이야기 나누어 본다. ● 〈자료 6−3〉의 활동지를 작성한다. ● 작성하고 난 후 공통적으로 들어가는 특성들이 무엇인지 찾아보고, 그것들 중에서 가장 중요하다고 생각하는 특성이 무엇인지 여러 사람의 이야기를 들어 본다. 이때 친구가 어떤 행동을 하면 그러한 특성이 있다고 생각하게 되는지에 대해 구체적으로 이야기한다. ● 〈자료 6−4〉의 활동지를 작성한다. 친구들 사이에서 호감을 주거나 친구가 되고 싶게 만드는 행동이 무엇인지에 대해 구체적으로 아는 시간을 갖는다. 내가 고른 특성에 적합한 행동이 무엇인지 서로 이야기 나누고 내가 할 수 있을 만한 행동을 정해서 직접 행동해 보기로 한다.	40	〈자료 6−3〉 〈자료 6−4〉
	〈활동 2: 새로운 친구 만들기 계획서〉 ● 지난 시간에 그렸던 친구관계 그림을 떠올려 본다. 내가 여기에 더 많은 친구를 채워 넣고 싶다면 어떻게 해야 할지 〈친구 만들기 계획서〉를 써 본다. ● 사귀고 싶은 친구가 있는지, 아직은 없지만 어떤 특성을 가진 친구를 사귀고 싶은지, 그 친구를 사귀면 무엇을 하고 싶은지, 사귀기 위해서는 나는 어떻게 할 것인지를 적어 본다. ● 적어 놓은 것들에 대해 이야기 나눈다.	40	〈자료 6−5〉
마무리	● 마무리용 활동지 적기	10	〈자료 6−6〉

감정 일기

날짜: _____ 이름: _____

● 나와 내 친구의 다양한 표정을 만화로 나타내 봅시다.

친구가 신나게 웃는 모습	친구가 우는 모습	내가 짜증이 난 모습
친구가 화가 난 모습	친구가 무척 졸린 모습	친구가 무서워하는 모습
친구의 사랑스러운 모습	친구가 심술이 난 모습	오늘의 내 모습

*그리고 싶은 만큼만 그려도 좋습니다.

〈자료 6-2〉

바둑알 망차기

날짜:　　　　　　이름:

〈자료 6-3〉

좋은 친구 특성 찾기

날짜: 이름:

좋은 친구의 특성

용감함, 활동적임, 자신감, 생동감, 정직함, 친절함, 잘 들어줌, 남을 잘 챙겨 줌, 생각이 깊음, 재능이 있음, 공부를 잘함, 입이 무거움, 내 얘기에 잘 맞장구를 쳐 줌, 유머가 풍부함, 잘 도와줌, 힘이 셈, 영리함, 믿음직함, 예쁨, 잘생김, 용돈 많음, 귀여움, 이야기를 재미있게 함, 눈치가 빠름, 물건을 잘 사 줌, 칭찬을 잘함

● 좋은 친구가 되기 위해서 가져야 할 특성을 다섯 가지만 골라 써 봅시다.

● 아무도 모르는 비밀을 말할 수 있을 정도의 친구관계에는 어떤 특성이 있어야 할 것 같은지 찾아서 써 봅시다.

● 내가 가지고 있는 좋은 친구의 특성은 무엇인지 찾아서 써 봅시다.

〈자료 6-4〉

좋은 친구 특성 찾기

● 내가 가지고 싶은 '좋은 친구의 특성'을 두 가지 찾고, 이러한 특성을 위해 내가 할 수 있는 구체적 행동은 무엇인지에 대해 이야기 나누고 써 봅시다.

좋은 친구의 특성

용감함, 활동적임, 자신감, 생동감, 정직함, 친절함, 잘 들어줌, 남을 잘 챙겨 줌, 생각이 깊음, 재능이 있음, 공부 잘함, 입이 무거움, 내 얘기에 잘 맞장구를 쳐 줌, 유머가 풍부함, 잘 도와 줌, 힘이 셈, 영리함, 믿음직함, 예쁨, 잘생김, 용돈 많음, 귀여움, 이야기를 재미있게 함, 눈치 가 빠름, 물건을 잘 사 줌, 칭찬을 잘함

잘 들어줌

▶ 친구가 이야기할 때 열심히 듣는다.

▶ 친구가 이야기할 때 친구와 눈을 맞추거나 친구 쪽을 쳐다본다.

▶

▶

▶

▶

새로운 친구 만들기 계획서

날짜:　　　　　　　　　　　이름:

사귀고 싶은 친구 이름	사귀고 싶은 이유	만나서 같이 해 보고 싶은 일	사귀기 위해서 어떻게 할 것인가

● 오늘 이야기 나누면서 친구들에게 배운 '친구 사귀는 방법' 중에서 해 보고 싶은 것을 한 가지만 적어 봅시다.

〈자료 6-6〉

수업을 마무리하며

날짜: 이름:

● 오늘 수업하면서 고마웠던 점을 세 가지만 찾아봅시다.

① _____

② _____

③ _____

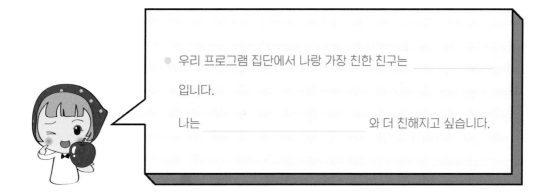

● 우리 프로그램 집단에서 나랑 가장 친한 친구는 _____

입니다.

나는 _____ 와 더 친해지고 싶습니다.

활동목표	1. 다양한 종류의 감정을 익혀서 각 상황에 맞는 감정을 고를 수 있다. 2. 여러 가지 상황에서 나라면 어떤 감정이 들지 구체적으로 말할 수 있다. 3. 친구가 특정 상황일 때 친구의 감정을 알아내서 적절한 말을 해 볼 수 있다.	집단구성	소집단
		소요시간	90분
활동과정	활동내용	시간(분)	준비물
도입	1. 감정 일기 작성 ● 오늘 내 마음속 느낌을 날씨로 표현해 본다. 활동지 〈자료 7-1〉은 기상캐스터가 날씨를 알려 주는 것처럼 자신의 마음속 상태를 설명할 수 있는 활동과 자신의 마음속 날씨 그림을 고르고 그 이유를 적어 보는 두 가지의 활동으로 나뉘어 있다. 한 가지를 골라서 하거나 두 가지 모두 해 봐도 좋다. ● 활동지를 적은 후에는 자신의 활동지를 들고, 앞에 서서 기상캐스터처럼 읽어 본다.	20	〈자료 7-1〉
	2. 스티로폼 공 불기 놀이 ① 놀이 1: 스티로폼 공 넘기기 놀이 ● 모두가 둘러앉은 테이블이나 책상의 가운데에 선을 긋는다. ● 두 팀으로 나눈 뒤 준비된 빨대로 스티로폼 공을 불어서 상대방 팀으로 넘기는 놀이다. ● 몇 점이 됐을 때 이기도록 할 것인지를 결정한다.	20	스티로폼 공 굵은 빨대

	● 일어서서 할 수도 있고 앉은 채로 할 수도 있다 ● 이때 공에 손을 대서는 안 되며 공이 책상 바깥으로 떨어지는 팀이 지게 된다. ②놀이 2: 스티로폼 공 누가 더 멀리 보내나 　● 테이블이나 책상의 한쪽 끝에 출발선을 긋는다. 출발선에 스티로폼 공을 놓고 빨대로 불어서 공을 바닥에 떨어뜨리지 않고 가장 멀리까지 보내는 사람이 이기게 된다. 　● 스티로폼 공에는 자신의 이름을 표시하거나 그림을 그려서 구별할 수 있게 한다.		
전개	〈활동 1: 상황 읽어 주고 해당하는 감정 말해 보기〉 아동들이 표현하는 감정은 매우 제한적이다. 화가 난다거나 짜증이 난다는 등의 몇 가지만을 사용하기 때문에 보다 구체적이고 정확하며 다양한 감정이 있음을 인식하는 것이 중요하다. 이는 교과학습처럼 암기하기보다는 실생활에서 흔히 일어날 수 있는 상황을 제시하고 그 상황에서 일반적으로 느낄 수 있는 감정들을 놀이를 통해 익히는 방법이 효과적이다. ● 〈자료 7-2〉의 목록들을 한 개씩 잘라서 검은색 비닐봉지나 통 안에 모두 집어넣는다. ● 순서를 정하고 한 사람씩 앞에 놓인 통에서 목록을 한 개씩 뽑은 후 읽는다. ● 읽고 나면 나머지 아동들이 그 상황에서 자신은 어떤 감정이 드는지 한 개씩 이야기한다. 모두 말하고 나면 다음 사람이 목록을 뽑고 읽어 준다. 아동들이 해당되는 감정을 말하기 어려워할 경우 뒷쪽에 있는 참고용 감정표를 사용해도 좋다. 이때, 적합하지 않은 감정을 말하더라도 비난하지 않고 이유를 들어 볼 수 있어야 한다. 또 감정목록에서 아동들이 어려워할 수 있는 감정들은 교사가 미리 설명해 준다.	20	〈자료 7-2〉 검정 비닐 또는 작은 통 〈감정표〉

	〈활동 2: 공감하기 훈련〉 먼저 교사가 〈자료 7-3〉의 활동지를 보고 하나의 상황을 골라 아동 중 한 명과 함께 역할극을 해 본다(예: "○○야, 오늘 나 회장 됐다." "정우야, 회장이 되어 정말 기쁘겠다."). ● 둘씩 짝을 짓는다. 둘이서 가위바위보를 하여 이긴 쪽과 진 쪽으로 나눈다. ● 이긴 쪽이 친구의 역할을 하고 진 쪽은 친구의 감정을 알아내고 친구에게 공감하는 말을 한다. ● 서로 역할을 바꾸어서 다른 상황을 역할놀이해 본다. ● 상대방이 공감해 줄 때 어떤 마음이 들었는지 서로 이야기 나눈다.	15	〈자료 7-3〉
마무리	● 마무리용 활동지 적기 ● 오늘 우리가 수업에서 모두 함께 잘했던 점을 찾아서 한 사람씩 이야기해 보기	15	〈자료 7-4〉
유의사항	쓰는 활동지가 많을 때에는 아동들의 상황(쓰기를 어려워하는 정도, 표현하기 어려워하는 정도, 수업을 지루해하는 정도 등)을 고려하여 융통성 있게 조절해서 활용한다.		

〈자료 7-1〉

감정 일기

날짜: 이름:

● 오늘 내 마음속 날씨는 어땠나요? 그림 중에서 고를 수도 있고, 일기예보를 하는 기상
캐스터처럼 이야기로 적어 봐도 좋습니다.

> 오늘의 내 마음속 날씨를 말씀드리겠습니다.
>
> 오늘 날씨는 매우 ＿＿＿＿＿＿＿＿＿＿＿ 다. 이 날씨는
>
> ＿＿＿＿＿＿＿＿＿＿＿＿＿＿＿＿＿＿ 때문이며,
>
> 마음속 온도는 ＿＿＿＿ ℃로 ＿＿＿＿＿＿＿＿＿ 고,
>
> 마음속 바람은 ＿＿＿＿＿＿＿＿＿＿ 다.
>
> 이런 날씨에는 ＿＿＿＿＿＿＿＿＿＿＿＿ 하기에 좋으며,
>
> ＿＿＿＿＿＿＿＿＿＿＿＿＿＿ 를 조심하시기 바랍니다.
>
> 이상 내 마음의 날씨 ＿＿＿＿＿＿＿＿ 였습니다.

（예） 오늘의 내 마음속 날씨를 말씀드리겠습니다.

오늘 날씨는 매우 흐립니다. 이 날씨는 오늘 어린이날 기념 체육대회에서 달리기 시합을 했는데 4등을 했기
때문이며, 마음속 온도는 영하 20℃로 매우 춥고, 마음속 바람은 쌩쌩 붑니다. 이런 날씨에는 친구랑 싸우기
쉬우므로 내가 화나지 않게 조심하시기 바랍니다. 이상 내 마음의 날씨 김재원이었습니다.

· 오늘 내 마음속 날씨는 위에 ＿＿＿＿＿＿＿＿ 입니다.

왜냐하면 ＿＿＿＿＿＿＿＿＿＿＿＿＿＿＿＿＿ 했기 때문입니다.

이런 상황일 때 내 감정은

날짜: 이름:

상황	내 감정
선생님이 나한테만 화내고 야단쳐서 학교가기 싫을 때	
학교에 가면 원석이가 자꾸 툭툭 칠 때	
다른 친구들이 내가 잘난 척 한다고 "잘난 척 좀 그만해."라고 말할 때	
발표만 하면 떨린다. 아이들 앞에서 발표하면 모두 나만 쳐다볼 때	
자기도 뚱뚱한 친구가 "넌 왜 이렇게 뚱뚱하냐?"라고 물어볼 때	
과학 상상화 그리기 대회에서 동상을 받아서 단상 위로 올라갈 때	
처음으로 혼자서 라면 끓였는데 먹을 만했을 때	
이번에는 열심히 공부했으니까 90점쯤 맞을 줄 알았는데 72점 맞았을 때	
뒤에 앉은 친구가 물어볼 게 있다며 말을 시켜서 뒤돌아봤는데 선생님이 떠들었다고 나만 야단칠 때	
반에서 한 친구의 지갑이 없어졌는데 나를 의심할 때	
인터넷으로 조사하는 숙제가 있는데 내 힘으로 모두 다 했을 때	
별 생각 없이 심부름 했는데 엄마가 '고맙다'고 말해 줄 때	
학교 가는 길에 등 뒤에서 단짝 친구가 내 이름을 부르는 소리를 들었을 때	
친구들끼리 인기투표를 했는데 내가 일등이라고 말해 줄 때	
보고 싶은 TV프로그램이 있었는데 아빠가 뉴스 본다면서 못 보게 할 때	
아이들이 내가 싫어하는 별명을 부를 때	
친구랑 싸워서 화해하고 싶었는데 걔가 먼저 말을 걸어 줄 때	
친구가 "나 어제 핸드폰 최신형으로 바꿨다."라고 할 때	
수련회에 간다고 해서 열심히 장기자랑 준비를 했는데 코로나 때문에 취소되었을 때	
집에 가는 길에 길 잃은 강아지 한 마리가 다리를 다쳤는지 절룩거리며 앓는 소리를 낼 때	
어제 열심히 놀다가 숙제하는 걸 잊었는데 선생님이 숙제 검사하러 한 사람씩 나오라고 하실 때	
단짝친구가 나랑 놀기로 약속했었는데 취소하고 다른 친구랑 놀러 가는 것을 봤을 때	

- 상황이 적힌 목록들을 한 개씩 잘라낸 후 2번 정도 접어서 통 안에 넣는다.
- 자른 목록을 놀이에 활용할 수도 있고, 고학년이나 중학생의 경우에는 이대로 활동지로 제공한 후 상황에 적합한 감정을 직접 써 보게 할 수도 있다.

감정표

감정표

날짜:　　　　　　　이름:

📥 긍정적인 표현

기쁘다	만족하다	평안하다	기분좋다	짜릿하다	위안되다
반갑다	뭉클하다	든든하다	행복하다	포근하다	태연하다
즐겁다	푸근하다	시원하다	후련하다	통쾌하다	흐뭇하다
멋있다	눈물겹다	설렌다	평화롭다	담담하다	평화롭다
근사하다	상쾌하다	싱그럽다	아늑하다	재미있다	믿음직스럽다
평안하다	사랑스럽다	자랑스럽다	신바람난다		

📥 부정적인 표현

슬프다	답답하다	억울하다	서운하다	섭섭하다	불쾌하다
얄밉다	애석하다	괘씸하다	허탈하다	처량하다	고독하다
불안하다	울적하다	속상하다	부끄럽다	민망하다	겸연쩍다
아쉽다	실망스럽다	초조하다	긴장된다	걱정된다	불쌍하다
외롭다	참담하다	절망스럽다	원망스럽다	후회스럽다	막막하다
가엽다	울고 싶다	쓸쓸하다	야속하다	겁나다	가소롭다
주눅들다	서글프다	무섭다	지겹다	불만스럽다	두렵다

친구의 마음에 공감하기

날짜:　　　　　　　　이름:

● 〈보기〉에서 적절한 감정을 찾아 친구가 그 상황에서 느끼게 될 감정을 적어 보고 이 감정을 느끼고 있을 친구에게 내가 해 줄 수 있는 말을 적어 봅시다.

〈보기〉

기쁨　좌절　실망　공포　두려움　불안
무서움　분노　흥분　행복　당황

A 내 친구 정우는 이번 5학년 1학기에 학급회장이 되고 싶어 했는데 막판까지 불꽃 튀는 표 대결에서 승리를 거두어 우리 반 학급회장으로 선출되었다.
　– 정우는 어떤 감정일까?
　– 정우에게 해 주고 싶은 말은 "　　　　　　　　　　　　　"입니다.

B 우정이는 반에서 오늘 체육대회에 나갈 계주선수를 뽑는데 아깝게 3등을 하는 바람에 반 대표 계주선수로 출전할 기회를 놓쳤다.
　– 우정이는 어떤 감정일까요?
　– 우정이에게 해 주고 싶은 말은 "　　　　　　　　　　　　　"입니다.

C 옆집에 사는 친구인 은정이는 그렇게 바라고 바라던 게임기를 생일선물로 받을 줄 알고 잔뜩 기대했는데 선물을 풀어 보니 알록달록한 양말만 들어 있었다.
　– 은정이는 어떤 감정일까요?
　– 은정이에게 해 주고 싶은 말은 "　　　　　　　　　　　　　"입니다.

D 내 단짝 친구인 호섭이가 "우리 학교 선배 준영이 형이 화가 나서 나를 찾고 있대. 어떡하지?"라며 울상을 짓는다.
　– 호섭이는 어떤 감정일까요?
　– 호섭이에게 해 주고 싶은 말은 "　　　　　　　　　　　　　"입니다.

E 한결이는 옆 반과의 반 대결 야구경기에서 이기려고 한 달 전부터 열심히 연습을 해 왔는데 오늘 결국 10:1로 지고 말았다.
　– 한결이는 어떤 감정일까요?
　– 한결이에게 해 주고 싶은 말은 "　　　　　　　　　　　　　"입니다.

〈자료 7-4〉

오늘 수업은요

날짜: _____   이름: _____

● 오늘 스티로폼 공놀이를 할 때 가장 많이 웃으면서 했던 사람은 누구였나요?

_____

● 오늘 누군가에게 도움을 줬던 친구는 누구였나요? 어떤 행동으로 친구에게 도움을 주었다고 생각하나요?

_____ 입니다.

왜냐하면, _____

● 오늘 우리가 수업에서 모두 함께 잘했던 점은 무엇이었나요?

● 아주 많이 속상하거나 슬플 때 나를 위로해 주는 사람은 누구인가요?

_____

그때 그 사람이 나에게 뭐라고 말해 주길 바라나요.

"_____"

● 오늘 우리 수업의 날씨는 무엇인지 그림으로 표현해 보세요.

┌───┐
│   │
│   │
│   │
│   │
└───┘

8 좋아하는 감정 표현해 보기

활동목표	1. 기분이 좋지 않을 때 스스로를 위로할 수 있는 방법을 생각할 수 있다. 2. 내가 좋아하는 사람의 특징에 관해 알 수 있다. 3. 좋아하는 사람에게 하는 말과 행동에 관해 생각해 볼 수 있다. 4. 좋아하는 사람에게 감정을 표현하는 다양한 방식에 관해 안다.	집단구성	소집단
		소요시간	90분
활동과정	활동내용	시간(분)	준비물
도입	1. 감정 일기 작성 　● 지난 한 주 동안 내가 한 일들 중에서 만족스럽게 생각하는 일은 무엇이었나요? 그 일이 있었을 때의 내 느낌은 어땠는지 이야기 나누고 감정 일기를 적어 본다.	15	〈자료 8-1〉
	2. 〈얼굴 찌푸리지 말아요〉 　① 놀이 1: 재미있는 표정 짓고 안 웃기 　● 둘씩 짝을 짓는다. 　● 첫 번째 팀이 일어서서 2m 정도의 거리를 두고 마주 보고 선다. 　● 책이나 A4용지를 들고 얼굴을 가리게 한다. 　● 얼굴을 가린 채로 '상대방을 웃길 수 있는 가장 재미있는 표정'을 짓게 한다. 　● 나머지 구성원들이 "하나둘셋!"하면 동시에 얼굴	20	얼굴을 가릴 수 있는 물건: 책이나 종이, 손수건 등

을 가리고 있던 책이나 종이를 내리는데 이때 먼저 웃는 사람이 진다.

- 둘 다 웃지 않았을 때에는 상대방이 웃을 수 있는 여러 가지 몸짓을 해야 한다.
- 이긴 사람들끼리 다시 짝을 지어 챔피언을 뽑는다.
- 안웃기 챔피언을 뽑은 후, 이 사람을 웃길 수 있는 웃기기 챔피언을 다시 뽑는다.

② 놀이 2: 〈얼굴 찌푸리지 말아요〉 부르기

- "얘들아, 선생님이 좋아하는 노래가 하나 있는데 너희도 〈얼굴 찌푸리지 말아요〉라는 노래를 알고 있니? 다 같이 한번 불러 볼까?
- 이때, 노래를 모르는 친구들이 있을 경우, 준비된 가사를 나누어 주고 모두 함께 배워 본다.
- 흥을 더 돋우기 위해 휴대전화 등을 활용해서 음악을 들려주고 함께 불러 본다.
- 모두가 둥글게 서서 율동을 하면서 부르기도 한다.
- 율동을 할 때는 아이들 각자가 차례로 한 가지의 율동을 정해서 하면 모두 따라 해 볼 수 있게 한다. 예를 들어, 한 사람이 손뼉을 치는 행동을 하면 모두가 손뼉을 치고, "기쁨의 그날 위해" 부분에서 두 팔을 위로 올린 채로 점프로 하거나, 엉덩이를 옆으로 부딪쳐 보는 등의 행동을 모두가 따라하게 한다.
- 두세 번 정도 반복해 보고 노래의 느낌에 대해 이야기 나눈다. "선생님은 기분이 나빠지려고 할 때면 속으로 이 노래를 부르거나 혼자 있을 때 큰소리로 부르기도 해. 가끔은 이 음악을 크게 틀어놓고 춤을 추기도 하지. 너희도 기분이 나빠질 때 부르는 노래가 있니?"
- 기분이 나빠질 때 부르는 노래나 춤에 관해 이야기 나누고 서로 정보를 교환한다.

〈자료 8-2〉

	〈활동 1: 내가 좋아하는 사람은?〉		〈자료 8-3〉
	아동들이 편안하게 좋아하는 사람의 특징에 대해 이야기 할 수 있도록 쉽게 말할 수 있는 연예인의 예를 들어 먼저 이야기 나눈다. 이후에 가정과 학교에서 자신이 가장 좋 아하는 사람을 찾아보고 그 사람의 좋은 점에 관해 말해 본다. 그 사람에 대한 나의 감정은 무엇인지도 찾아본다.		
전개	● "얘들아! 혹시 좋아하는 연예인이 있니? 누구를 좋아하 　니? 연예인이 아주 많은데 네가 그 사람을 유독 좋아하 　는 이유가 뭔지 궁금한데 알려줄 수 있니?"		
	● "그럼 감정표에서 네가 그 사람에게 느끼는 감정들을 　찾아볼래?"		
	● 앞에서 이야기한 것들을 먼저 간단히 적어 보게 한다.		
	● "이번에는 연예인 말고 집에 있는 가족이나 친척 중에 　서 가장 좋아하는 사람은 누구니? 그 사람의 어떤 점 　때문에 좋아할까? 그 사람에 대해 어떤 감정을 느끼는 　지도 적어 볼까?	20	
	● "이번에는 학교에서 마음에 드는 친구 또는 선생님이 　있다면 누군지 생각해 보자. 어떤 점들 때문에 마음에 　드는 걸까? 그 사람을 보면 어떤 감정이 드는지도 한번 　적어 보자."		
	● 서로 적은 것들을 읽어 보는 순서를 갖는다. 고치거나 　더하고 싶은 내용이 있으면 수정할 수 있는 기회를 제 　공한다. 　*이때 쓰는 것을 부담스러워할 경우, 학교나 가족 중에서 한 사 　람에 관한 내용만 쓰게 할 수도 있다.		
	〈활동 2: 좋아하는 사람에게 감정을 표현하는 말과 행동〉		〈자료 8-4〉
	● "어떤 사람이 또 다른 한 사람을 좋아하는지 안 좋아하 　는지 알 수 있는 방법은 뭐가 있을까?"	20	
	● "너는 다른 사람이 너한테 어떻게 해 줄 때 '저 사람이 　나를 좋아하나 보다.'라는 생각이 드니?"		

	• 내가 들었던 말 중에서 나를 기분 좋게 했던 말들은 무엇이었나요. 상대방이 나를 좋아한다는 느낌이 들게 하는 행동에는 무엇이 있었나요. 친구나 가족, 선생님 등 내가 좋아하는 사람들을 기분 좋게 하기 위해 내가 주로 하는 말은 무엇인가요? • '내가 당신을 좋아한다'는 느낌을 상대방이 갖게 하기 위해 내가 그 사람들에게 하는 말과 행동에는 무엇이 있나요? • 내가 좋아한다는 표현을 했을 때 다른 사람들이 보인 반응은 어떤가요? 내 표현이 만족스럽지 않았다면 다르게 해 보고 싶은 말이나 행동은 무엇인가요?		
마무리	• 마무리용 활동지 적기	15	〈자료 8-5〉
유의사항	평상시에 아동들이 관심 있는 대상에게 애정이나 관심을 표현하는 방식에 관해 기록해 두었다가 아동들이 미처 지각하고 있지 못한 자신의 표현법을 알려 주는 것도 효과적이다.		

<자료 8-1>

감정 일기

날짜: 이름:

● 지난 한 주 동안 내가 한 일들 중에서 만족스럽게 생각하는 일은 무엇이었나요? 그 일이 있을 때의 내 느낌은 어땠나요. 왜 그런 느낌이 들었는지도 생각해 봅시다.

* 만족스러운 일이 없었다면 불만족스러웠던 일로 고쳐서 써 봅시다.

그 일이 일어난 날짜 (월/일/요일)	만족스러웠던 일	내가 느낀 것 (감정)	그렇게 느낀 이유
1.			
2.			

〈자료 8-2〉

얼굴 찌푸리지 말아요 ♫

날짜: 이름:

얼굴 찌푸리지 말아요. 모두가 힘들잖아요.

기쁨의 그날 위해 함께할 친구들이 있잖아요.

혼자라고 느껴질 때면 주위를 둘러보세요.

이렇게 많은 이들 모두가 나의 친구랍니다.

우리 가는 길이 결코 쉽진 않을 거에요.

때로는 모진 시련에 좌절도 하겠지요.

하지만 친구들과 함께라면 두렵지 않아.

우리 모두 함께 손을 잡고.

One Two! One, Two, Three, Four!

얼굴 찌푸리지 말아요. 모두가 힘들잖아요.

기쁨의 그날 위해 함께할 친구들이 있잖아요.

혼자라고 느껴질 때면 주위를 둘러보세요.

이렇게 많은 이들 모두가 나의 친구랍니다.

〈자료 8-3〉

내가 좋아하는 사람은?

날짜: 이름:

"여러분이 좋아하는 어떤 한 사람을 떠올려 보세요. 그 사람의 좋은 점은 무엇인가요? 내가 그 사람에게 느끼는 감정은 무엇인가요?"

*왼쪽 작은 네모 칸에는 그 사람이 누구인지 쓰고,
큰 네모 칸에는 그 사람의 좋은 점과 내가 느끼는 감정을 써 봅시다.

연예인 중에서는

가족 중에서는

학교에서는

좋아하는 감정 표현하기

날짜: 이름:

● 〈보기〉 안에 있는 여러 가지 표현의 방법 중 몇 가지를 골라서 써 보세요.

〈보기〉

툭 치고 지나간다 / 별명을 부른다 / 놀려 준다 / 화를 낸다.
미소 짓는다 / 어깨를 두드려 준다 / 안아 준다 / 밝게 웃어 준다
문자나 톡을 보낸다 / 편지를 쓴다 / 비밀이야기를 해 준다 / 도와준다
손을 잡는다 / 좋아한다고 말한다 / 팔짱을 낀다 / 칭찬해 준다
사랑한다고 말한다 / 등을 두드려 준다 / 같이 놀아 준다

☺ 다른 사람이 이렇게 해 줄 때,
  나를 좋아하는 것 같아서
  기분이 참 좋아요.
  ․
  ․
  ․

☺ 누군가를 좋아할 때
  난 이렇게 말하거나 행동해요.
  ․
  ․
  ․

☺ 좋아하는 감정을 다르게 표현한다면 이렇게 해 보고 싶어요.
  ․   ․
  ․   ․

오늘 수업을 마치며

날짜: _____ 이름: _____

- 오늘 _____의 재미있는 표정이 나를 웃게 해 줘서 고마웠습니다.

- 오늘 뭐라고 써야 할지 잘 몰라서 고민하고 있었는데 _____가 먼저 이야기해 줘서 생각이 났습니다. 덕분에 잘 쓸 수 있었습니다.

- 오늘 내가 새롭게 알게 된 것은

  _____입니다.

- 오늘 내가 좋아하는 한 사람에게 보내고 싶은 문자를 간단히 적어 보세요.

Ⅲ

의사소통 잘 하기

9 긍정적인 말과 부정적인 말의 영향

활동목표	1. 긍정적인 메시지와 부정적인 메시지가 행동에 미치는 영향에 관해 안다. 2. 타인에게 비난하는 말을 했을 때 어떤 영향을 미칠 수 있는지에 관해 안다. 3. 스스로에게 긍정적인 메시지를 전달하는 것의 중요성에 관해 안다.	집단구성	소집단
		소요시간	90분
활동과정	활동내용	시간(분)	준비물
도입	1. 감정 일기 작성 ● 지난주에 내가 느꼈던 감정들 중에서 가장 기억나는 감정을 골라봅시다. 그런 느낌이 들었던 이유는 무엇이었나요? ● 다음의 "억울해요" "실망스러워요" 감정이 들었던 적이 있었나요? 언제였나요? 왜 그런 느낌이 들었는지, 그런 느낌이 들 때 나는 어떻게 행동했는지, 다르게 행동한다면 어떻게 해 볼지에 관해 이야기해 봅시다.	20	〈자료 9-1〉
	2. 풍선배구 ● 가운데 의자를 놓거나 줄을 쳐서 경계를 만들고 양쪽에 두 팀으로 나누어 선다. ● 몇 점이 됐을 때 이기도록 할 것인지를 결정한다. ● 배구공이 아닌 풍선으로 배구를 한다.		풍선 경계를 만들기 위한 의자나 줄

	각 팀의 구성원들이 순서대로 상대팀 진영으로 서브를 넣고, 자기 팀 내에 들어 온 풍선을 3번 안에 쳐서 상대팀으로 넘기게 한다. 3번 안에 풍선을 쳐 내지 못할 경우 상대방에게 1점을 더한다.		
전개	〈활동 1: 모두 함께 풍선치기〉 ● 집단구성원 전체가 둥글게 선다. 옆 사람의 손을 잡은 채로 풍선을 위로 쳐서 위로 띄운다. ● 전체 구성원이 떨어뜨리지 않고 한 번에 몇 번을 쳐서 위로 띄울 수 있는지 수를 세서 기록해 본다. 몇 차례 해 보고 익숙해질 때까지 한다. ● 몇 차례 지나고 나서 익숙해질 즈음에, 풍선을 쳐서 위로 띄울 때 교사는 전체를 향해 〈자료 9-2〉의 부정적인 말들을 한다. 이때, 풍선을 띄운 횟수를 기록해 놓는다. ● 이번에는 풍선을 쳐서 위로 띄울 때 교사가 전체를 향해 〈자료 9-2〉의 긍정적인 말들을 한다. 이때, 풍선을 띄운 횟수들을 기록해 놓는다. ● 풍선치기 놀이를 정리한다. ● 자리에 앉아 놀이 도중에 교사의 부정적인 말들을 들었을 때 어떤 기분이 들었는지 이야기를 나눈다. "얘들아, 너희들이 풍선치기 놀이를 할 때 선생님이 '그렇게밖에 못하겠니?' '운동신경이 굉장히 둔하구나.' '살을 더 빼야겠는걸.' 등과 같은 말을 했을 때 너희는 기분이 어땠니?" ● 놀이 도중에 교사가 긍정적인 말들을 했을 때 어떤 기분이 들었는지에 관해 이야기를 나눈다. "얘들아, 그러면 이번에는 선생님이 '정말 잘하는구나.' '훌륭해.' '어쩌면 이렇게 호흡이 잘 맞니?' 등과 같은 말을 했을 때 어떤 마음이 들었니?"	20 10	풍선 〈자료 9-2〉

	● 실제로 부정적인 말들을 들을 때, 긍정적인 말들을 들을 때, 아무 말도 듣지 않을 때에 풍선을 띄운 횟수를 비교해 보고, 들었던 말의 효과에 따라 어떤 느낌이 들며 이것이 결과에 어떤 영향을 미쳤는지에 관해 이야기 나눈다.		
	〈활동 2: 나에게 쓰는 편지〉 ● 다른 사람에게 듣는 말뿐만 아니라 스스로에게 하는 칭찬이 나를 긍정적으로 변화시킬 수 있음에 대해 이야기한다. ● 〈자료 9-3〉의 칭찬들에 자신의 이름을 붙여서 순서대로 소리 내어 읽게 한다. "○○아, 잘하고 있어." ● 칭찬표에서 듣고 싶은 칭찬들을 모두 찾아 표시하게 한 후 나에게 쓰는 편지를 작성하게 한다. 또는 친구를 칭찬하는 편지를 적어 보게 해도 좋다.	20	〈자료 9-3〉 〈자료 9-4〉
마무리	● 마무리용 활동지 적기	10	〈자료 9-5〉

감정 일기

날짜:　　　　　　　　　이름:

● 지난 한 주 동안 내가 가장 기억나는 감정을 다음 보기에서 골라 보세요.

┌─────────────── 〈보기〉 ───────────────┐

기쁘다 / 걱정스럽다 / 행복하다 / 만족스럽다 / 속상하다
화나다 / 섭섭하다 / 후회스럽다 / 고맙다 / 불쌍하다
재미있다 / 시원하다 / 반갑다 / 불만스럽다 / 외롭다 / 답답하다

└──────────────────────────────────────┘

지난 한 주 동안 가장 기억나는 감정은 ＿＿＿＿＿＿＿＿＿＿＿＿ 입니다.

왜냐하면, ＿＿＿＿＿＿＿＿＿＿＿＿＿＿＿＿ 했기 때문입니다.

● 나는 이럴 때 이런 느낌이었어요.

내가 느낀 것 (감정)	어떤 때 이런 감정을 느꼈는지	이런 감정을 느꼈을 때 내가 했던 행동은	다르게 행동한다면 어떻게 하고 싶은가요?
억울해요			
실망스러워요			

〈자료 9-2〉

부정적인 말과 긍정적인 말

날짜: 이름:

부정적인 말	긍정적인 말
● 그렇게 밖에 못하겠니?	● 정말 잘하는구나.
● 운동신경이 굉장히 둔하구나.	● 훌륭해.
● 살을 더 빼야겠는걸.	● 어쩌면 이렇게 호흡이 잘 맞니?
● 잘 좀 하지 그러니.	● 너희가 잘할 줄 알았어.
● 너 때문에 놓쳤잖아.	● 정말 협동이 잘 된다.
● 너도 ○○처럼 좀 잘해 봐.	● 너희가 기록을 세울 것 같아.
● 너희 정말 못한다.	● 선생님이 시켜 본 팀들 중에 너희가 제일 잘했어.
● 3학년들도 아주 잘하는데 이렇게 못할 수가 있니.	● 너무 잘해서 목표를 더 높여야겠는걸.
● 그래, 너희가 그렇지.	● 집중을 정말 잘하는구나.
● 그럴 줄 알았어.	● 조금만 더 힘을 내.
● 또 실패했구나.	● 드디어 해냈구나.
● 너희는 왜 이렇게 잘하는 게 없니?	● 서로 힘을 합쳐서 해내는 모습이 너무 보기 좋다.

칭찬표

날짜: 이름:

- 네가 옳았어.
- 참 잘했네.
- 오늘 너는 정말 많은 일을 해냈구나.
- 훌륭해.
- 잘하고 있어.
- 멋져.
- 정말 부지런하구나.
- 환상적이야.
- 기대했던 것보다 더 잘했어.
- 최고야.
- 최선을 다 했구나.
- 지금도 잘하고 있어.
- 정말로 좋은데.
- 포기하지 않는구나.
- 성실하구나.
- 와!
- 잘하고 있으니까 계속해 봐.
- 훨씬 좋아.
- 좋은 일이야.
- 넌 정말 재주가 많구나.
- 좋은 생각이야.
- 잘하는 게 많은 사람이야.
- 너보다 잘하는 사람을 본 적이 없어.
- 오늘 굉장히 잘하고 있어.
- 힘내.
- 대단해.
- 용감하다.
- 지금도 충분히 멋진걸.
- 정말 빨리 배운다.
- 오늘 정말 잘했어.
- 네가 하고 싶었던 것을 해냈네.
- 인내심이 대단하다.
- 나는 네가 정말 자랑스러워.
- 날마다 좋아지고 있네.
- 이전보다 훨씬 더 잘하는걸.
- 결국 해낼 줄 알았어.
- 꼼꼼히 잘 하는구나.
- 완벽해.
- 정말 예쁘다.
- 정말 빨리 해냈네.
- 즐거워 보여.
- 굉장히 좋아지고 있어.
- 그런 멋진 생각을 어떻게 했어?
- 놀라운걸.
- 끈기있구나.
- 책임감 있는 사람이구나.
- 창의적이야.
- 축하해.
- 대단한 일을 해냈구나.
- 잊어버리지 않았네.
- 많이 연습했구나.
- 또 해냈네.

〈자료 9-4〉

나에게 보내는 편지

날짜: 이름:

☺ 〈자료 9-3〉에서 내가 듣고 싶은 칭찬을 골라 써 봅시다.

_____

☺ 이런 칭찬을 누구에게 받고 싶은가요?

_____

☺ 내가 다른 사람을 칭찬할 때 쓰고 싶은 말은 무엇인가요?

_____

☺ 누구의 어떤 점을 칭찬할지 생각해 보고, 칭찬 말을 이용해서 써 봅시다.

_____

• 칭찬표를 참고하여 나를 칭찬하는 편지를 써 봅시다.

에게

_____

_____

_____

_____

_____

_____

〈자료 9-5〉

오늘 수업은요

날짜: _____ **이름:** _____

● 오늘 새롭게 알게 된 사실은?

_____

_____

● 오늘 가장 기억나는 것은

_____ 이다.

왜냐하면 _____ 하기 때문이다.

● 오늘 내 친구에게 칭찬 한마디

오늘 우리 수업시간에 _____ 해서

_____ 를 칭찬합니다.

⑩ 의사소통의 방식 알기

활동목표	1. 의사소통의 세 가지 방식에 관해 안다. 2. 나와 내 주변 사람의 의사소통 방식을 관찰하여 비효과적인 방식과 효과적인 방식을 구분할 수 있다.	집단구성	소집단
		소요시간	90분
활동과정	활동내용	시간(분)	준비물
도입	1. 감정 일기 작성 ● 지난 한 주 동안 내가 바라거나 원했던 일이 있었는지를 기억해 보게 한다. 누구에게 어떤 일을 바랐고, 그 일을 이루기 위해 내가 했던 행동이나 말은 무엇이었는지 이야기해 본다. 그 행동이나 말을 해서 내가 원하는 일이 이루어졌는지, 이루어지지 않았다면 다음에는 어떻게 다르게 해 보고 싶은지도 이야기 나눈다. 이야기를 나눈 후 감정 일기를 적는다.	15	〈자료 10-1〉
	2. 놀이 〈색종이 수집〉 ● 아홉 가지 색깔의 색종이를 모아서 모두 섞는다. ● 섞여 있는 색종이 아홉 장씩을 나눠 갖는다. ● 시작하기 전에 "내가 모으고 있는 색종이는 ○○색인데, 바꿀 수 있니?"라는 말을 모두 함께 연습해 본다. ● 모든 상황은 놀이이므로 즐겁게 하길 바란다는 점과 상대방을 기분 상하게 하지 않도록 서로 배려해야 함을 교사가 미리 얘기한다.	25	색종이

	● 교사가 '시작'이라고 외치면 모두 돌아다니면서 자기가 원하는 색깔의 색종이 아홉 장을 신속하게 수집한다. 이때 한 번에 한 장 이상 교환할 수 없다. ● 억지로 뺏을 수 없으며, 싸움이 나거나 큰소리가 날 경우 게임을 중단하고 잠시 쉬었다가 다시 시작하게 한다. ● 다른 사람이 자기와 같은 색깔을 모으고 있을 경우에는 계속할 것인지 아니면 다른 색깔로 바꿀 것인지도 빨리 결정해야 한다. ● 빨리 모은 순서대로 이기게 되지만, 늦게까지 수집하지 못한 다른 친구들을 도와줄 수 있는 기회를 만든다. ● 다 끝내고 나서는 빨리 수집한 친구가 자신의 비법을 친구들에게 설명할 수 있는 시간을 갖는다. 또 수집하면서 느낀 점에 관해 이야기해도 좋다. ● 다른 친구가 완성할 때까지 기다려 준다. *이 게임은 정해진 상황에서 타인에게 자신의 의사를 전달하는 경험을 해 보고 다른 사람의 의사소통 방식도 학습할 수 있는 기회를 제공한다.		
전개	〈활동 1: 의사소통의 세 가지 방식에 관해 알기〉 ● 아동이 효과적인 방식으로 자신의 생각을 주장할 수 있는 의사소통 기술을 배우는 것은 매우 중요하다. 이 활동을 통해 자신의 주된 의사소통 형태를 확인하고, 조금 더 효과적인 의사소통 방법에 관해 배운다. ● "얘들아, 너희는 소중한 물건을 친구에게 빌려준 적이 있니?"라는 질문으로 시작한다. 아이들의 이야기를 들어 준 후에 "어떤 친구가 아주 좋아하는 게임 CD를 자기 친구에게 빌려줬는데 돌려주질 않았나 봐. 그래서 각자 여러 가지 방법으로 친구에게 CD를 돌려 달라고 이야기했는데 누구의 방법이 가장 훌륭한 방법이었는지 찾아봐 줄래?"라고 부탁한다.	40	〈자료 10-2〉

- 활동지의 문제들을 함께 풀어 보면서 서로의 의견을 말하고 듣는다.
- 마지막에 '모두 함께 읽어 봅시다'를 다 같이 읽거나 한 친구가 읽고 듣게 한다.

〈활동 2: 나와 내 주변 사람들의 의사소통 방식〉

- 이제 내 주변 사람들의 의사소통을 한번 살펴보자. 나랑 가장 가까운 가족이나 친구가 누구인지 먼저 물어본다. 그 사람들이 원하는 것이 있을 때 어떤 방식으로 의견을 말하는지 기억해 보는 시간을 갖는다. "선생님은 남편에게 화가 날 때면 가끔 말을 하지 않고 삐쳐 있거나 문을 닫고 들어가서 밖으로 나오지 않을 때가 있어." "선생님 딸은 문을 쾅 닫고 들어갈 때가 있지." 등의 힌트를 주고 말할 수 있게 한다.
- 친구들이 이야기했던 내용 중에서 비주장적 의사소통 방식에 해당하는 것부터 얘기해 주고, 주변 사람들 중에서 비주장적 의사소통 방식을 택하는 사람들이 누구이며 어떤 행동들을 하는지 얘기한다. 얘기를 하고 나서 활동지의 해당 문항을 작성하게 한다.
- 친구들이 이야기했던 내용들 중에서 공격적 의사소통 방식에 해당하는 것부터 얘기해 주고, 주변 사람들 중에서 공격적 의사소통 방식을 택하는 사람들이 누구이며 어떤 행동들을 하는지 얘기한다. 얘기를 하고 나서 활동지의 해당 문항을 작성하게 한다.
- 또 이러한 방식을 사용해서 나에게 뭔가 해 주기를 요구할 때 기분 좋게 해 줄 수 있었는지에 관해 이야기한다. "선생님이 문을 닫고 있거나 삐쳐 있으면 남편이 미안하다고는 하는데 뭐가 미안한지 잘 모르는 것 같기도 하고, 내가 원하는 걸 정확하게 말하지 못해서 얻지 못하는 경우가 많은 것 같아." "또 선생님 딸이 문을 쾅 닫고 들어갔을 때 선생님은 딸이 무엇을 원하는지에 관해서 생각하기보다는 문을 쾅 닫는 소리에 나를

〈자료 10-3〉

	무시하는 것 같아서 화가 나고 그래서 야단을 치게 됐었어."라는 얘기를 들려주고, 그러한 방식이 내가 원하는 것을 얻는 데 도움이 되지 않음을 깨닫게 한다. ● 평상시에 자기가 자주 사용하는 비주장적 의사소통 방식과 공격적 의사소통 방식은 무엇이 있는지에 관해 스스로를 관찰하는 시간을 갖는다. "그렇다면 나는 내가 원하는 것이 있을 때, 주로 어떤 방식을 사용하는지 기억해 보고 얘기해 보자." 이야기를 나눈 후 나머지 활동지를 작성하게 한다. 어려워할 경우에는 예를 들어 줄 수 있다. "예를 들어서 내가 지금 나가서 놀고 싶은데 엄마가 숙제를 하라고 하신다면 나는 어떤 방식으로 엄마한테 내가 원하는 걸 표현할 수 있을까?"		
마무리	● 마무리용 활동지 적기 오늘 수업에서 배운 내가 원하는 것이 무엇인지를 확인하고 그것을 전달했던 방식을 관찰해서 기억하고 정리하는 시간을 갖는다.	10	〈자료 10-4〉

〈자료 10-1〉

감정 일기

날짜:　　　　　　　이름:

● 지난 한 주 동안 내가 원했던 일이나 행동은 무엇이 있었는지 기억해 봅시다. 그것을 이루기 위해 내가 했던 행동이나 말은 무엇이었나요? 그렇게 해서 내가 원하는 것을 얻었나요? 얻지 못했다면 다음번에는 어떻게 다르게 해 볼까요?

내가 원했던 것	원하는 것을 얻기 위해 내가 했던 행동이나 말	원하는 것을 얻었나요? (예, 아니요)	다음에는 이렇게 다르게 해 볼래요.
개학 후에 오랜만에 만난 절친과 재미있게 수다를 떨고 싶었다.	내 절친이 다른 친구들이랑 얘기하느라 내 얘기를 듣지 않아서 아무 말도 하지 않고 삐쳐 있다가 "너랑 절교야." 하고 집으로 와 버렸다.	아니요	1. "내가 얘기할 때 잘 들어주지 않으니까 네가 나를 무시하는 것 같아서 기분이 나빠. 내가 얘기할 때 잘 들어줄래?"라고 말한다. 2. 다른 친구의 얘기가 끝날 때까지 기다린다.

의사소통의 세 가지 방식

날짜: 이름:

★ 모두 함께 읽어 봅시다

내가 원하는 것을 말할 때 세 가지의 의사소통 방식이 있습니다. 첫째, 주장적 의사소통, 둘째, 비주장적 의사소통, 셋째, 공격적 의사소통이 그것들입니다.

주장적 의사소통은 내가 원하는 것을 잘 표현함으로써 상대방도 나도 기분 나쁘지 않게 원하는 것을 얻을 수 있는 효과적인 방법입니다.

비주장적 의사소통과 공격적 의사소통은 내가 원하는 것을 표현하는 방식이 상대방이나 나를 기분 나쁘게 할 뿐만 아니라 원하는 것을 쉽게 얻지 못하는 경우도 있기 때문에 비효과적인 의사소통 방식이라고 할 수 있습니다.

● 〈친구가 내 게임 CD를 빌려 가서 돌려주지 않을 때〉 재원이, 준영이, 세윤이는 다음과 같이 이야기하거나 행동한다고 합니다. 원하는 것을 얻기에 가장 효과적인 방법은 누구의 방법인지 이야기해 봅시다.

재원이: "내 CD 돌려줘. 그 CD가 지금 필요하거든."

준영이: 얘기를 하지 못하고 삐쳐서 준서를 째려보거나 준서와 얘기도 하지 않는다.

세윤이: "야! 이 도둑놈아! 빨리 안 내놔?"

• 세 사람 중에서 내가 원하는 것을 말하는 주장적 의사소통을 하는 사람은 누구일까요?

• 내가 원하는 것을 말하지 못하고 화났다는 표현만 하는 비주장적 의사소통을 하는 사람은 누구일까요?

• 원하는 것을 말할 때 다른 사람을 기분 나쁘게 하는 공격적 의사소통을 하는 사람은 누구일까요?

• 게임 CD를 빌려간 친구가 나라면, 친구가 어떻게 할 때 돌려주고 싶은 마음이 먼저 들까요?

⟨자료 10-3⟩

나와 내 주변 사람들의 의사소통

날짜: 이름:

- 주변 사람들이 자주 사용하는 비주장적인 의사소통 방식은 무엇이 있었는지 찾아봅시다(표에 적힌 것 이외의 방법이 있다면 써 넣어도 좋습니다).

> 삐쳐 있다. 말을 하지 않는다. 째려본다. 밥을 굶는다. 방 안에 들어가서 문을 잠그고 나오지 않는다. 운다. 짜증낸다. 슬픈 표정이나 화난 표정을 짓고 묻는 말에 대답하지 않는다. 징징거린다. 아픈 척 한다. 다른 사람을 시켜서 대신 얘기하게 한다. 선생님이나 부모님께 이른다.

(   )

- 주변 사람들이 자주 사용하는 공격적인 의사소통 방식은 무엇이 있었는지 찾아봅시다(표에 적힌 것 이외의 방법이 있다면 써 넣어도 좋습니다).

> 문을 쾅 닫는다. 소리를 지른다. 욕을 한다. 비난한다. 물건을 던져서 힘이 세다는 것을 보여 준다. 벽을 주먹으로 친다. "너 때문에 그랬으니까" 하고 남을 탓한다. "너랑 절교야."라고 말한다.

(   )

- 앞에서처럼 사람들이 비주장적이거나 공격적인 의사소통 방식으로 나한테 무엇인가 해 줄 것을 요구할 때 내 기분은 어떤가요? 또 들어주고 싶은 마음이 생겼나요?

(   )

- 내가 자주 쓰는 비주장적인 의사소통 방식은 어떤 것이 있는지 찾아봅시다.

(   )

- 내가 자주 쓰는 공격적인 의사소통 방식은 어떤 것이 있는지 찾아봅시다.

(   )

〈자료 10-4〉

수업을 마무리하며

날짜: 이름:

● 오늘 수업을 시작하면서 내가 원했던 것은

_____ 입니다.

● 내가 원하는 것을 얻기 위해 내가 했던 말이나 행동은

_____ 이었습니다.

● 내가 사용했던 의사소통 방식은 _____ 이었습니다.

● 이 방법은 내가 원하는 것을 얻는 데 도움이 _____

● 오늘 수업에서 내가 가장 잘한 점은

_____ 입니다.

⑪ 효과적인 의사소통하기

활동목표	1. 효과적인 의사소통을 위한 나-전달(I-message)법을 알고 실천할 수 있다.	집단구성	소집단
		소요시간	90분
활동과정	**활동내용**	**시간(분)**	**준비물**
도입	1. 감정 일기 작성 ● 지난 한 주 동안 주변 사람 중에서 누군가 내게 무엇인가를 시키거나 내가 하기를 원했던 일이 있었는지를 기억해 보게 한다. 누군가 나에게 어떤 부탁을 했고, 그 일을 시키기 위해 나한테 어떻게 행동이나 말을 했는지, 나는 그 말을 들어주고 싶었는지, 그 사람이 어떻게 하면 내가 그 사람의 부탁을 들어주고 싶은 마음이 드는지도 이야기 나눈다. 이야기를 나눈 후 감정 일기를 적는다.	15	감정 일기 〈자료 11-1〉
	2. 놀이 〈쪼개진 사각형〉 ● 제시된 자료를 활용하여 색도화지나 두꺼운 종이로 정사각형 8개를 만든다. ● 참가 인원에 맞춰 사용하는 정사각형의 개수를 조절할 수 있다. ● 정사각형 8개를 모두 나뉜 조각으로 잘라 모두 섞은 후 구성원 전체에게 세 개씩 나누어 준다. 준비된 네모 판에 세 조각을 모두 맞춰서 정사각형을 완성한다.	30	〈자료 11-2〉 〈자료 11-3〉

- 이때 각자 다른 정사각형의 조각들을 가지고 있기 때문에 서로에게 도움을 주고받아서 정해진 시간 안에 모두 정사각형을 만드는 것이 과제다.
- 내가 가진 조각들 이외에 어떤 조각이 더 필요한지, 내가 필요한 조각들을 누가 가지고 있는지를 눈여겨본 후 그것을 가지고 있는 친구에게 내가 필요한 것이 무엇이고 줄 수 있는지의 여부를 물어보고 부탁할 수 있도록 한다. "내가 지금 세모가 필요한데 줄 수 있니?"를 소리 내어 모두 따라서 말해 보게 하고, "나도 아직 정하지 않아서 고민 중이야. 잠깐 기다려 줄래?"라고 말할 수도 있게 한다. 받은 후에는 "고마워"라고 말하는 것도 잊지 않도록 한다.
- 정사각형을 모두 완성한 사람은 나머지 사람이 완성할 수 있도록 돕게 한다.
- 모두가 정해진 시간 안에 정사각형을 모두 맞출 수 있도록 한다.
- 전부 하고 나서 다음의 질문에 답하고 이야기 나눈다. 또는 다음의 사항에 해당되는 사람을 추천해서 칭찬해 주는 기회를 갖는다.
  - 누가 자기의 조각을 기꺼이 남에게 주었는가?
  - 자기 사각형을 완성한 뒤에도 다른 사람들을 도와주었던 사람은 누구였는가?
  - 자기 것이 완성되지 않았는데도 다른 사람을 도와주려고 했던 사람은 누구였는가?
  - 머리를 써서 사각형을 완성하려고 열심히 하는 사람은 누구인가?
  - 내가 잘했던 점은 무엇이었는가?
  - 우리 팀이 잘했던 점은 무엇이었는가?
  - 하고 나서의 느낌은?
- 억지로 뺏을 수 없으며, 싸움이 나거나 큰 소리가 날 경우 게임을 중단하고 잠시 쉬었다가 다시 시작하게 한다.

전개	〈활동: '나–전달법'으로 말하기〉		〈자료 11–4〉
	● 나–전달법은 내가 원하는 것과 나의 감정을 건강하게 전달할 수 있는 대화 방법이다. 나–전달법을 사용하면 상대방의 기분을 상하게 하지 않으면서도 내가 원하는 바를 적절하게 전달할 수 있어서 상대방의 행동에 변화를 가져올 수 있다.	35	
	● 나–전달법은, ① 비판이나 비난없이 상대방의 행동을 묘사, ② 그 행동이 나에게 미치는 영향과 느낌, ③ 내가 바라는 점, 이렇게 세 가지를 말하면 된다.		
	● 자료에 제시된 네 가지 예를 통해 충분히 연습하고, 각자 원하는 것을 말하고 싶은 상황에 대해 생각해 본 후 나–전달법으로 표현해 본다.		
	● 나–전달법의 세 가지를 말하는 것이 어려운 경우에는 내가 바라는 점만이라도 비난 없이 정확히 말할 수 있도록 연습한다.		
마무리	● 마무리용 활동지 적기	10	〈자료 11–5〉

감정 일기

날짜:　　　　　　　　이름:

● 지난 한 주 동안 주변 사람 중에서 누군가 내게 무엇인가를 하라고 하거나 내가 하기를 원했던 일이 있었는지 기억해 봅시다. 누가 나에게 어떤 부탁을 했고, 그 일을 시키기 위해 나한테 어떻게 행동이나 말을 했는지 나는 그 말을 들어주고 싶었는지, 그 사람이 어떻게 다르게 하면 내가 그 사람의 부탁을 들어주고 싶은 마음이 들 것 같은가요?

누가 나에게 해 주기를 원했던 것	원하는 것을 하도록 하기 위해 나에게 했던 행동이나 말	그 사람이 원하는 것을 해 줬나요? (예, 아니요)	다음에는 이렇게 다르게 해 볼래요.
엄마가 나에게 숙제를 하고 놀으라고 여러 번 얘기한다.	"숙제하고 놀으라고 했지."라고 소리를 지르신다.	아니요	"숙제하고 놀면 안 되니?"라고 작은 소리로 말하면 좋겠다.

〈자료 11-2〉

쪼개진 사각형

날짜: 이름:

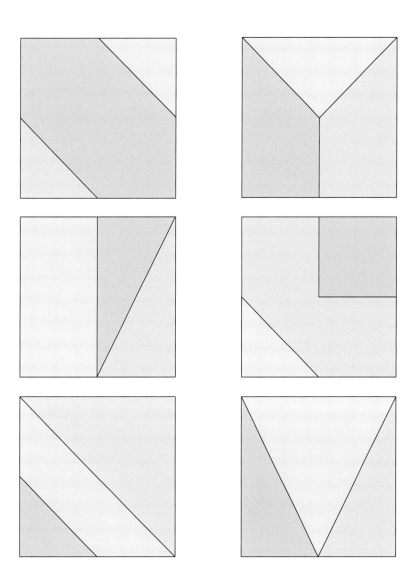

쪼개진 사각형 맞추기

날짜: 이름:

*잘라서 한 장씩 나누어 주고, 안의 네모 칸 안에 세 개의 조각을 맞추어 봅시다.

<자료 11-4>

'나-전달법'으로 말하기

날짜: 이름:

★ 모두 함께 읽어 봅시다

'나-전달법'은 자신이 원하는 것을 건강하게 표현하는 대화방법입니다. 나-전달법을 사용하면 상대방에게 자신이 원하는 것을 잘 알려줘서 상대방이 기분을 상하지 않게 하면서 상대방의 행동에 변화를 가져오게 할 수 있습니다. 나-전달법은 먼저 비난이나 비판 없이 상대방의 행동을 묘사하고, 그 행동이 나에게 미치는 영향과 느낌을 말한 후, 내가 바라는 것이 무엇인지를 말하면 됩니다.

● 나-전달법은 먼저 비난이나 비판 없이 상대방의 행동을 그대로 나타내고 그 사람의 행동이 나에게 어떤 영향을 미쳤는지, 내가 바라는 것은 무엇인지를 말하는 것입니다.

---

1. 상황: 친구가 내 게임 CD를 빌려 가서 돌려주지 않고 있는 상황

상대방의 행동을 묘사	나에게 미치는 영향, 느낌	내가 바라는 것
네가 내 게임 CD를 빌려 가서 며칠 동안 가져오지 않는다.	그 CD가 필요한데도 쓰지 못해 불편함	CD를 돌려주는 것

내가 하고 싶은 말:
  네가 내 게임 CD를 빌려 가고 며칠 동안 가져오지 않아서 그 CD가 필요한데도 쓰지 못해서 불편해. CD를 돌려줬으면 해.

---

2. 상황: 수업을 듣고 있는데 친구가 자꾸 등을 두들기며 말을 시킨다.

상대방의 행동을 묘사	나에게 미치는 영향, 느낌	내가 바라는 것
수업시간 중에 네가 내 등을 자꾸 두드린다.	수업에 집중하기가 힘들고 선생님께 들켜서 야단을 맞을까 봐 마음이 불안해짐	하고 싶은 말이 있으면 쉬는 시간에 해 주는 것

내가 하고 싶은 말:
  네가 수업시간 중에 내 등을 자꾸 두드리면 수업에 집중하기가 어렵고 선생님께 들킬까 봐 내 마음이 불안해. 하고 싶은 말이 있으면 쉬는 시간에 해 주면 좋겠어.

3. 상황: 집에 가는데 한 친구가 나보고 '돼지야.'라고 놀린다.

상대방의 행동을 묘사	나에게 미치는 영향, 느낌	내가 바라는 것
네가 나한테 '돼지'라고 부른다.	다른 친구들이 들을까 봐 창피하기도 하고, 화가 나서 싸우고 싶은 마음이 들기도 해서 싫음	돼지라고 부르지 않는 것

내가 하고 싶은 말:
　네가 다른 친구들이 있는데 '돼지'라고 부르면 다른 친구들이 들을까 봐 창피하기도 하고 내가 화가 나서 너랑 싸우고 싶은 마음이 들기도 해. 나한테 '돼지'라고 부르지 않았으면 좋겠어.

4. 상황: 내가 재미있는 TV프로그램을 보고 있는데 동생이 옆에서 큰 소리로 떠든다.

상대방의 행동을 묘사	나에게 미치는 영향, 느낌	내가 바라는 것
내가 TV를 보고 있는데 네가 큰 소리로 계속 얘기를 한다.	TV 소리가 잘 들리지 않아서 재미있게 보는 데 방해가 됨	동생이 조용히 해 주는 것

내가 하고 싶은 말:
　내가 TV를 보고 있는데 네가 큰 소리로 계속 얘기를 하면 TV소리가 잘 들리지 않아서 재미있게 보는 데 방해가 돼. 좀 조용히 해 줄 수 있겠니?

5. 상황: 게임을 할 때 규칙을 지키지 않는 친구가 있다.

상대방의 행동을 묘사	나에게 미치는 영향, 느낌	내가 바라는 것

내가 하고 싶은 말:

상황:

상대방의 행동을 묘사	나에게 미치는 영향, 느낌	내가 바라는 것

내가 하고 싶은 말:

〈자료 11-5〉

수업을 마무리하며

날짜: 이름:

● 오늘 수업에서 가장 재미있었던 것은 무엇이었나요?

이유는 _____ 때문입니다.

● 내가 가장 잘했던 점은

_____ 이었습니다.

● 오늘의 MVP는 _____ 입니다.

이유는 _____ 를 잘했기 때문입니다.

⑫ 도움 주고 도움 받기

활동목표	1. 다른 사람을 도와주는 친사회적 행동을 경험한다. 2. 다른 사람을 도와줄 때의 느낌을 말할 수 있다. 3. 내가 도움을 받았을 때의 느낌을 말할 수 있다.	집단구성	소집단
		소요시간	90분
활동과정	활동내용	시간(분)	준비물
도입	1. 감정 일기 작성 ● 매 회기마다 지난 일주일 동안 가장 기억에 남았던 사건 한 가지씩을 기억해서 이야기해 보게 한다. ● 이때 감정표를 꺼내서 대표감정을 찾아보고 그 감정이 들었던 이유를 말하게 한다. 이야기를 들어주고 느낌에 공감해 주며, 위로나 지지를 해 준다. ● 이야기하고 난 후에 간단하게 감정 일기를 작성할 수 있게 한다.	20	코팅된 감정표, 〈자료 12-1〉
	2. 젠가 쌓기 젠가의 총 개수를 확인하고 세 개가 한 층이 되도록 모두 쌓은 후, 게임을 시작한다. 세 개가 한 층씩으로 쌓아진 젠가의 전체를 두 개씩 끝까지 쓰러뜨리지 않고 모두 쌓는 팀이 이기게 한다. 진 팀은 이긴 팀이 제안한 〈교실 안에서 이룰 수 있는 소원 한 가지씩 들어주기〉를 한다. 이때, 진 팀을 기분 나쁘게 하거나 너무 어려운 과제를 내지 않도록 조절해 준다.		젠가 2통

전개	〈활동 1: 길 아저씨 손 아저씨 게임〉 ● "앞을 볼 수 없지만 걸을 수 있는 길 아저씨와 걷지 못하지만 앞을 볼 수 있는 손 아저씨가 서로 도움을 받으며 한 몸으로 살아갑니다. 둘이서 길을 떠나야 하는데 함께 잘 갈 수 있을지 우리도 따라가 봅시다." ● 출발선과 도착선을 정한다. ● 구성원들 모두가 도입활동에서 사용했던 젠가 3개씩을 가져와서 출발선과 도착선 사이의 바닥에 무작위로 세워 놓는다(젠가가 없을 경우에는 풀이나 깨지지 않는 플라스틱 병 등 작고 세울 수 있는 물건들을 사용할 수 있다). ● 둘씩 짝을 정한다. ● 둘 중 하나는 안대로 눈을 가린 채 출발선에 서고, 나머지 한 명은 도착선 밖에서 안대로 가린 팀원이 잘 도착할 수 있도록 말로 설명을 한다(예: 오른쪽으로 반걸음만 옮겨, 왼발 앞으로 한걸음만 가). ● 이때, 안대로 눈을 가린 사람이 놓인 젠가를 쓰러뜨리지 않고 도착점까지 올 수 있도록 천천히 자세하게 설명해서 젠가를 더 적게 쓰러뜨린 팀이 이기는 게임이다. ● 끝나면 역할을 바꾸어서 해 볼 수도 있다.	20	젠가, 활동지
	〈활동 2: 징검다리 건너기〉 ● 출발선과 도착선을 정한다. ● 2인 1조 경기로 한 사람이 먼저 젠가 2개 또는 신문지 2장을 활용해서 징검다리를 만든다. ● 나머지 한 사람은 놓인 징검다리를 밟는다. 그러면 한 명은 그 전에 밟고 있던 징검다리를 앞쪽으로 놓아 준다. 이렇게 해서 빨리 도착점까지 가는 쪽이 이긴다. ● 2인 1조 경기를 한 이후에는 3인 1조가 되고 4인 1조가 되어 보기도 한다.	10	젠가 또는 신문지

	〈활동 3: 앞의 놀이를 정리하고, 도움이 필요할 때 도움을 청하는 기술 익히기〉		
	● 놀이를 하면서 도움을 줄 때의 느낌과 도움을 받을 때의 느낌을 말해 본다.		〈자료 12-2〉 〈자료 12-3〉
	● 포스트잇을 나누어 주고, 다음의 질문에 답을 한 후 준비된 도화지에 붙이게 한다. ① 눈을 가려 앞을 볼 수 없을 때 느낌은 어땠나요? 이유는 무엇인가요? 그때 설명해 주는 친구에게 바라는 점은 무엇이었나요? ② 친구에게 설명해 줄 때 어려웠던 점은 무엇인가요? ③ 다음에 다시 이 놀이를 할 때 어떻게 하면 더 잘 할 수 있을 거라 생각하나요?	20	
	● 누군가를 어떻게 도와주었는지, 도와준 후에 어떻게 느꼈는지 활동지에 적어 본다.		
	● 내가 도움이 필요할 때는 언제고 누구한테 도움을 받고 싶은지, 도움청하기 활동지에 적어 본다.		
마무리	● 오늘의 최고 _____ 뽑기 게임과 활동을 하면서 보았던 친구들의 행동이나 태도를 칭찬하는 시간을 갖는다.	20	〈자료 12-4〉
유의사항	놀이를 진행할 때 승부에 연연하기보다는 놀이 자체를 즐길 수 있도록 북돋운다 (예: 너희가 신나게 노는 걸 보니 너무 즐겁다. 이기고 지는 것보다 너희들이 재미있는 놀이하길 바란다. 누가 제일 재미있어 하는지 봐야지). 활동지를 쓸 때 지나치게 부담을 주기보다는 아동이 쓰고 싶은 만큼만 쓸 수 있게 한다.		

〈자료 12-1〉

감정 일기

날짜: 이름:

● 다음 네모 칸 안에 여러분에게 일어난 세 가지 일을 기록해 봅시다. 여러분은 어떤 느낌인가요? 여러분은 어떻게 행동했나요? 그것은 어떤 결과를 낳았나요? 먼저 이야기 나눈 후 간략히 적어 봅시다.

일어난 일 (사건)	내가 느낀 것 (감정)	내가 한 일 (행동)	내가 한 일의 효과 (결과)
1.			
2.			
3.			

다른 사람 도와주기

날짜: _____   **이름:** _____

☺ 누구를 도와주었나요?

☺ 무슨 행동으로 도움을 주었나요?

☺ 돕고 나니 어떤 기분이 들었나요?

〈자료 12-3〉

도움이 필요해요

날짜: _____   **이름:** _____

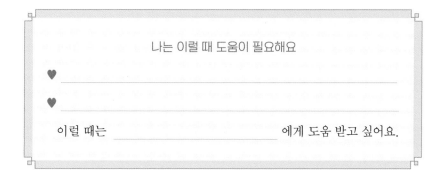

나는 이럴 때 도움이 필요해요

♥ _____

♥ _____

이럴 때는 _____ 에게 도움 받고 싶어요.

● 도움이 필요할 땐 이렇게 해 봅시다(도움 요청하기).

1. 문제 말해 보기

2. 나는 도움을 원하는가?

3. 누구에게 도움을 청할까?

6. 도움 받고 감사의 말 하기

5. 도움 받을 부분 구체적으로 제안하기

4. 누군가에게 요청하기

오늘의 최고를 칭찬합니다

날짜: 이름:

칭찬합니다.
오늘 최고로 설명을 잘해서
친구에게 도움을 줬던 친구는
_____ 입니다.

칭찬합니다.
오늘 최고로 신나게 놀이했던 친구는
_____ 입니다.

오늘 최고로

_____ 했던

나를 칭찬합니다.

IV

자신과 타인의 욕구 및 감정 이해하기

13 다른 사람의 감정 알기

활동목표	1. 다른 사람의 감정을 말로 표현할 수 있다. 2. 특정한 감정을 나타내는 사람에게 할 수 있는 효과적인 대처행동에 대해 알 수 있다.	집단구성	소집단
		소요시간	90분
활동과정	활동내용	시간(분)	준비물
도입	1. 감정 일기 작성 　• 내 감정이 아니라, 내 주변에서 큰 영향력을 발휘하는 엄마나 다른 가족, 담임선생님의 행동을 관찰하고 관찰된 행동을 통해 그 사람의 감정을 확인해 보고, 그때 내가 했던 생각이나 행동에 대해 이야기해 본다. 　"오늘 아침에 엄마가 했던 행동 중에서 가장 기억에 남는 행동은 뭐였니?"(예: 엄마가 아침에 꾸물거리고 학교 갈 준비를 안한다고 소리 지르셨어요. 엄마가 내가 열이 나는지 보려고 이마에 손을 대 보셨어요.) 　"오늘 여기 오기 전에 담임선생님이 하신 행동 중에서 가장 기억에 남는 행동은 뭐였니?"(예: 우리 반이 이번 성취도시험에서 꼴찌라고 하시면서 한숨을 쉬셨어요. 옆 반이랑 발야구 시합을 했는데 우리 반이 이겨서 웃으셨어요) 　• 감정 일기를 적고, 읽고 싶어 하는 사람 순으로 읽어 보고 서로 이야기 나눈다.	20	〈자료 13-1〉

	2. 달팽이놀이 ①바닥에 분필을 이용해서 달팽이 모양으로 그림을 그린다. 잘 지워지는 필기구를 사용하거나 색테이프를 사용할 수도 있다. ②편 나누기 놀이를 통해 둘로 편을 나눈다. ③한 편은 안에서, 한 편은 밖에서 시작한다. ④시작 신호와 함께 한 편은 안에서 밖으로 나오고, 다른 편은 밖에서 안으로 향해 달린다. ⑤두 사람이 만나면 가위바위보를 한다. ⑥진 사람은 출발했던 자기 집으로 돌아가고 자기 편이 진 것이 확인되면 재빨리 다음 사람이 나간다. ⑦이긴 사람은 계속 뛰어간다. ⑧전체 팀원이 상대편의 대문 안으로 먼저 도착한 편이 이긴다. 〈바닥에 그리는 달팽이 모양〉	20	분필 또는 색테이프
전개	〈활동 1: 다른 사람의 감정 알아채기〉 ● 자신의 감정에 대해 조금씩 알게 된 아동들이 다른 사람의 감정에 관해 관심을 가질 시점이다. 다른 사람의 감정을 읽는 연습을 통해 아동들이 상황을 보다 잘 파악하고 문제를 해결하기 위한 바탕을 마련할 수 있게 한다. ● "애들아, 지금 옆 사람 얼굴을 한번 살펴보자. 기분이 좋아 보이니 나빠 보이니?" "그럼 왜 기분이 좋아 보이는	20	〈자료 13-2〉

지 내가 생각한 이유를 이야기해 볼까?" 라고 말한다. 웃고 있다거나 무표정하다거나 화난 표정이라던가 여러 가지의 표정이 있을 수 있으며, 이때 그것을 알아낼 수 있는 특징은 뭐가 있는지 이야기 나눈다(예: 안 웃어요. 무표정해요. 나를 째려봐요. 웃고 있어요. 땀이 나요. 옆 친구랑 큰 목소리로 이야기해요 등).

- 아동들이 이야기를 나누는 동안 그 내용을 교사가 기분이 좋을 때와 좋지 않아 보일 때의 특징들로 나누어서 칠판이나 종이에 대충 정리해 둔다.

- 특정 상황에서의 감정은 원인된 사건이 있을 수 있음을 인식할 수 있도록 한다. 기분이 좋거나 좋지 않은 데에는 이유가 있으며, 그 이유 때문에 현재의 감정이 어떠하다고 언어로 정리할 수 있게 한다(예: 큰 소리로 웃으면서 떠드는 것을 보니 기분이 좋아 보인다. 좀 전에 게임을 재미있게 했기 때문이다).

- 〈자료 13-3〉를 주고 교사가 각 상황을 읽어 준 후 이때의 느낌이 어떨지 왜 그런 느낌이 들 것 같은지 이유를 써 보게 한다.

- 모두 적어 본 후 아이들이 먼저 하고 싶은 번호부터 서로 읽고 나서 이야기 나눈다.

*활동 1과 2는 연결해서 둘 다 할 수도 있고 아동들의 상태나 능력을 고려해서 둘 중 한 개만 선택해서 적용해도 된다.

〈활동 2: 다른 사람의 부정적 감정 알기와 대처하기〉

- 앞서 활동 1에서 기분이 좋아 보일 때와 그렇지 않을 때 보이는 특징들을 정리했던 것들을 하나씩 이야기해 준다. "너희가 좀 전에 옆 사람의 얼굴을 보며 말했던 특징들이 이랬는데, 그렇다면 사람이 어떤 말이나 행동을 하면 그 사람이 화가 났다는 것을 우리가 알 수 있을까?" "최근에 누군가 화가 난 상태를 본 적이 있니?" "자, 그 사람이 어떤 말이나 행동을 했는지 생각나

〈자료 13-3〉

15

	는 대로 말해 볼까?" "그럼 그때 누군가 화를 낼 때는 내가 어떻게 행동했는지도 이야기해 보자." 등의 상호 작용을 하고 나서 〈자료 13-3〉을 작성하게 한다. ● 어떤 사람이 슬퍼하거나 속상해할 때의 특징과 이때 내가 도움을 줄 수 있는 방법이 무엇이 있는지 이야기 나누고 〈자료 13-4〉를 작성하도록 한다. ● 자신이 쓴 내용에 대해서 서로 이야기 나누고, 슬프거 나 속상한 사람을 도와주는 방법에 관해 서로 정보를 공유하도록 한다.		〈자료 13-4〉
마무리	● 마무리용 활동지 적기 "우리가 화난 마음은 삐죽삐죽한 선이나 날카로워 보 이는 화살표 등으로 표시할 수 있습니다. 자신이 느끼 는 대로 선을 그려 보거나, 신날 때 또는 재미있다고 느끼는 감정들을 그림으로 표현해 봅시다."라고 말한 후 마무리 활동지를 작성하게 한다.	15	〈자료 13-5〉
유의사항	쓰기가 많은 관계로 활동지를 적절히 조절해서 사용하고, 편한 분위기에서 서로 이야기를 나누고 이것들을 교사가 정리해서 읽어 보는 시간을 갖는 것도 좋다.		

〈자료 13-1〉

감정 일기

날짜: 이름:

● 오늘 아침에 본 엄마의 행동 중에서 가장 기억에 남는 모습은 무엇이었나요? (엄마의 행동이 기억나지 않으면 오늘 아침에 우리 가족 중에서 가장 기억나는 한 사람의 행동을 생각해 봐도 좋습니다.) 그때 엄마나 다른 가족은 어떤 느낌이 들었을지 느낌표에서 찾아 봅시다.

  엄마의 그런 모습을 봤을 때 여러분은 어떤 생각이 들고 어떻게 행동하는지 적어 봅시다.

가장 기억나는 엄마의 행동 (또는 가족 중 한사람의 행동)	그때 엄마가 느꼈을 것 같은 감정은	엄마의 이런 모습을 봤을 때 나는 이렇게 생각하고 행동해요.

● 오늘 이 프로그램에 오기 전에 우리 담임선생님의 행동 중에서 가장 기억에 남는 모습은 무엇이었나요? 그때 담임선생님은 어떤 느낌이 들었을지 느낌표에서 찾아봅시다.

  선생님의 그런 모습을 봤을 때 여러분은 어떤 생각이 들고 어떻게 행동하는지 적어 봅시다.

가장 기억나는 선생님의 행동	그때 선생님이 느꼈을 것 같은 감정은	선생님의 이런 모습을 봤을 때 나는 이렇게 생각하고 행동해요.

감 정 표

날짜: 이름:

1. 욕구가 충족됐을 때: 긍정적 표현

고맙다	생각하는 중이에요	가슴 뭉클하다	감동받다	기쁘다	날아갈 것 같다
사랑스럽다	편안하다	안심된다	평화롭다	기분 좋다	만족스럽다
행복하다	재미있다	즐겁다	흐뭇하다	뿌듯하다	자랑스럽다
자신만만하다	후련하다	속시원하다	궁금하다	담담하다	잘될 것 같다
근사하다	상쾌하다	당당하다	포근하다	신난다	믿음직스럽다
위안이 된다	기쁘다	반갑다	설렌다	흥미롭다	긴장이 풀린다

2. 욕구가 충족되지 않았을 때: 부정적 표현

불안하다	걱정스럽다	두렵다	조심스럽다	조마조마하다	겁난다
답답하다	마음이 복잡하다	부담스럽다	심란하다	성가시다	괴롭다
억울하다	외롭다	쓸쓸하다	처량하다	맥 빠진다	울고싶다
우울하다	주눅 들다	화난다	황당하다	당황스럽다	불쌍하다
아쉽다	안타깝다	후회스럽다	허무하다	지루하다	실망스럽다
미안하다	창피하다	부럽다	피곤하다	얄밉다	신경 쓰인다
슬프다	속상하다	안타깝다	불만이다	짜증난다	배신감을 느낀다
좌절하다	심통난다	원망스럽다	서운하다	불쾌하다	약 오르다

<자료 13-3>

다른 사람의 부정적 감정 알기

날짜: 이름:

● 다음의 상황에서 그 사람이 느끼는 감정이 무엇일지 감정표를 참고하여 적어 봅시다.

① 선생님이 어제 본 시험지를 돌려줬는데 내 친구 미정이가 울기 시작한다.

　　미정이는 어떤 느낌이 들까요? ＿＿＿＿＿＿＿＿＿＿＿＿＿＿＿＿＿＿＿

　　왜냐하면 ＿＿＿＿＿＿＿＿＿＿＿＿＿＿＿＿＿＿＿＿＿＿ 때문입니다.

② 엄마에게 크게 혼이 난 동생이 울면서 나에게로 왔다.

　　동생은 지금 어떤 느낌이 들까요? ＿＿＿＿＿＿＿＿＿＿＿＿＿＿＿＿＿

　　왜냐하면 ＿＿＿＿＿＿＿＿＿＿＿＿＿＿＿＿＿＿＿＿＿＿ 때문입니다.

③ 엄마와 아빠가 다투셨는데 엄마가 식탁의자에 앉아서 한숨을 내쉰다.

　　엄마는 지금 어떤 느낌이 들까요? ＿＿＿＿＿＿＿＿＿＿＿＿＿＿＿＿＿

　　왜냐하면 ＿＿＿＿＿＿＿＿＿＿＿＿＿＿＿＿＿＿＿＿＿＿ 때문입니다.

④ 내 짝꿍이 감기에 걸려서 아프다며 책상 위에 엎드려 있다.

　　내 짝꿍은 지금 어떤 느낌이 들까요? ＿＿＿＿＿＿＿＿＿＿＿＿＿＿＿＿

　　왜냐하면 ＿＿＿＿＿＿＿＿＿＿＿＿＿＿＿＿＿＿＿＿＿＿ 때문입니다.

⑤ 교실에 벌이 들어오자 반 친구들이 소리를 지르고 도망칩니다.

　　친구들은 지금 어떤 느낌이 들까요? ＿＿＿＿＿＿＿＿＿＿＿＿＿＿＿＿

　　왜냐하면 ＿＿＿＿＿＿＿＿＿＿＿＿＿＿＿＿＿＿＿＿＿＿ 때문입니다.

〈자료 13-4〉

다른 사람의 부정적 감정에 대처하기

날짜: 이름:

- 다른 사람이 화가 났다는 것을 어떻게 알 수 있나요?

_____

- 친구가 화가 났을 때 내가 할 수 있는 행동은 무엇이 있을지 두 가지만 써 봅시다.
  1. _____
  2. _____

- 엄마가 화가 나셨을 때 내가 할 수 있는 행동은 무엇이 있는지 생각해서 두 가지만 말해 봅시다.
  1. _____
  2. _____

- 다른 사람이 슬퍼하고 있다는 것을 어떻게 알 수 있나요?

_____

- 친구가 슬퍼하거나 속상해할 때 내가 도움을 줄 수 있는 행동은 무엇이 있을까요?
  1. _____
  2. _____

- 엄마가 슬퍼하거나 속상해할 때 내가 도움을 줄 수 있는 행동은 무엇이 있을까요?
  1. _____
  2. _____

〈자료 13-5〉

오늘 수업은요

날짜: 이름:

● 오늘 수업하면서 느낀 점들을 다음 칸에 선이나 그림으로 표현해 봅시다.

● 오늘 수업하면서 내가 누군가에게 도움이 되었던 점은 무엇이었나요?

● 오늘 수업에서 내가 제일 잘했던 점은 무엇이었나요?

⑭ 인간의 욕구를 알고 행동 이해하기

활동목표	1. 특정 감정을 인식하고 표현할 줄 안다. 2. 인간의 다섯 가지 욕구에는 무엇이 있는지 안다. 3. 특정 행동이 어떤 욕구를 충족하기 위한 행동인지를 안다.	집단구성	소집단
		소요시간	90분
활동과정	활동내용	시간(분)	준비물
도입	1. 감정 일기 작성 ● 활동지에 있는 상황을 읽고, 이야기 속의 나와 상인이의 감정을 골라서 찾아본다. 감정을 고르고, 그 감정을 고른 이유도 이야기해 본다. ● 다음의 상호작용을 사용하여 아동과 이야기를 나누고 실망스럽다는 감정에 대해 인식하고 표현해 본다. - "너희는 실망스럽다는 말을 들어 보거나 써 본 적이 있니? 선생님은 손꼽아 기다리던 소풍날이었는데 아침에 비가 와서 못 가게 됐을 때 실망스러웠던 기억이 있어. 또 선생님 남편한테 생일선물을 받을 줄 알고 잔뜩 기대했는데 남편이 내 생일을 잊어버렸을 때 실망스러웠지." - "혹시 이번 주에 실망스러웠던 적이 없다면 다른 때라도 괜찮아. 언제 실망스러웠던 기억이 있는지 한번 찾아볼까?"	20	〈자료 14-1〉 〈자료 14-2〉

2. '좋아' 게임

- 구성원들이 모두 둥글게 앉는다.
- 기본 박자는 4박자로 '무릎치기(1), 손뼉 치기(2), 오른손 엄지 세우기(3), 왼손 엄지 세우기(4)'로 한다. 특히 3, 4박자에는 "나도 좋아!" "잘해 봐라!" "밀어 줄게!" "난 싫어!" "그럼 누구?" 등을 말한다.
- 다 같이 기본 박자를 하면서 모두가 3, 4박자에 "좋아! 좋아!"라고 하고 나서 다음 박자에 첫 번째 사람이 자기가 아닌 다른 사람의 이름을, 예를 들어 "유정이 좋아!"라고 하면 다음 박자에 유정이가 "나도 좋아!" 또는 "난 싫어!"라고 말한다.
- 만약 "나도 좋아!"라고 답했으면 다음 박자에 모두가 "잘해 봐라! 밀어 줄게!"라고 하고 나서 다시 '유정이 좋아!'라고 이야기했던 첫 번째 사람이 다음 박자에 "주상이 좋아!"라고 하면서 다른 사람의 이름을 대면 다시 다음 박자에 '주상이'가 답한다.
- 그래서 "누구 좋아!"라고 이야기 했던 사람은 상대방이 계속 "나도 좋아!"라고 대답하면 다시 다음 박자에 다른 사람을 말해야 한다.
- 만약 상대방이 "나는 싫어!"라고 답했으면 다음 박자에 모두가 "그럼 누구?"라고 하고 나서 다시 다음 박자에 유정이가 다른 사람의 이름을 말하면서 "소라 좋아!"라고 하면 다시 다음 박자에 소라가 답한다.
- 자연스럽게 친구 이름도 알게 되고 서로에 대해 친근하게 느낄 수 있는 놀이다.

  *단순히 게임이기 때문에 '좋아'나 '싫어'에 크게 의미를 두고 상처받지 않아도 됨을 미리 이야기하고 게임을 한다. 게임을 통해 수용이나 거절을 안전하게 경험할 수 있다.

20

	〈활동 1: 내가 행복해지기 위해 필요한 것들〉		〈자료 14-3〉
	● 인간이 어떤 행동을 하는 것은 바로 그 순간에 자신의 욕구를 충족시키기 위한 것이다.		여러 가지
	"오늘은 너희가 좋아하는 것들에 관해 좀 알아보려고 해. 여기 선생님이 준비한 포스트잇을 한 장씩 줄 테니까 선생님이 질문하는 것에 대해서 답들을 써 보자." 이때 각 질문의 번호별로 한 장씩의 포스트잇을 준다. ①번을 모두 쓴 후에 교사가 지정한 위치에 아이들이 모두 가져다 붙이게 한다. 그다음에 다시 포스트잇을 나눠 주고 다음 번호를 써서 다시 붙이는 순서로 진행한다.		모양이나 색깔의 포스트잇
전개	① "나를 사랑하거나 좋아하는 사람이 누군지 써 볼까?" 이번에는 내가 사랑하거나 좋아하는 사람도 그 밑에 써 본다. 이때 가족, 친구라고 쓰기보다는 가족 중 누구인지, 친구인 경우는 이름도 구체적으로 쓰게 한다.	20	
	② "내가 잘하는 것은 뭐가 있을까? 내가 잘하고 싶은 것은 또 뭐가 있는지도 써 볼까?"		
	③ "내가 내 맘대로 선택해서 할 수 있는 것들에는 뭐가 있을까? 내가 자유롭게 선택해서 하고 싶은 것은 무엇일까?"		
	④ "내가 즐겁게 할 수 있는 일은 뭐가 있을까?"		
	⑤ "내가 살기 위해서 하는 일에는 뭐가 있을까? 예를 들어, 선생님은 밥을 먹어. 화장실에도 가지. 직장에서 돈도 벌어야겠지."		
	● "여기에 너희가 적은 모든 것이 우리가 살아가는 데 필요한 것들이야. 우리 친구들이 행복해지는 데 필요한 것들이라고 볼 수 있지."	15	
	● 교사는 매직이나 두꺼운 사인펜으로 아동들이 포스트잇을 붙여 놓은 도화지에 ①은 사랑과 소속의 욕구,		

	②는 힘과 성취의 욕구, ③은 자유의 욕구, ④는 즐거움의 욕구, ⑤는 생존의 욕구라고 적어 넣는다. ● "사람들은 여기 적힌 욕구들이 채워질 때 행복하다고 느낀단다. 그리고 모든 사람은 이 욕구를 채우기 위해 행동을 하는 거야. 너희가 하는 행동들도 사실은 이 욕구들을 채워 가기 위해서 하는 거지." 〈활동 2: 행동을 보고 욕구 구분하기〉 ● 활동지를 활용하여 특정 행동에서 알 수 있는 욕구를 구분해 본다.		〈자료 14-4〉
마무리	● 마무리용 활동지 적기 ● 오늘 우리가 수업에서 새롭게 알게 된 점을 찾아서 한 사람씩 이야기해 보기	15	〈자료 14-5〉
유의사항	인간의 욕구에 대한 활동은 자신의 행동을 이해하는 데 도움이 되지만, 저학년이나 이해도가 낮은 아동들에게는 매우 어려운 활동이 될 수 있다. 교사의 판단에 의해 더 쉽게 변형하여 사용하면 좋다. 아이들이 적은 포스트잇을 붙이기 위해서는 〈자료 14-3〉을 확대 복사하거나 도화지에 옮겨 그린 후에 제시하는 것이 더 효과적이다.		

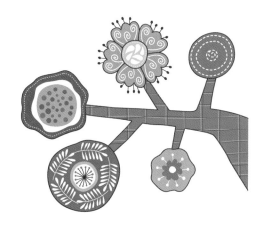

감정 일기

날짜: 이름:

● 특정 상황에 해당하는 감정 찾아보기

> 우리 반 아이들에게 인기가 많은 동현이의 생일이다. 동현이가 생일파티에 오라며 나에게 초대장을 주었다. 동현이 생일파티에 가면 맛있는 음식도 많이 먹고, 동현이네 아파트 놀이터에서 놀다가 노래방까지 간다고 다른 친구들이 얘기해 줬다.

· 동현이에게 생일초대장을 받은 나는 어떤 느낌이 들지 감정표에서 골라 써 봅시다.

· 나랑 친한 친구인 상인이는 초대장을 받지 못했습니다. 상인이는 어떤 느낌이 들 것 같은지 감정표에서 골라 써 봅시다.

● 이런 느낌이 들 때 표현해 보기

"바라던 일이 원하는 대로 되지 않아서 마음이 몹시 상할 때를 '실망스럽다'고 합니다."

· 내가 지난 한 주 동안에서 가장 실망스러웠던 때는

_____ 할 때였습니다.

· 왜냐하면 _____ 했기 때문입니다.

· 내가 원하는 것은 _____ 였습니다.

〈자료 14-2〉

감 정 표

날짜: 이름:

● 욕구가 충족됐을 때: 긍정적 표현

고맙다	생각하는 중이에요	가슴 뭉클하다	감동받다	기쁘다	날아갈 것 같다
사랑스럽다	편안하다	안심된다	평화롭다	기분 좋다	만족스럽다
행복하다	재미있다	즐겁다	흐뭇하다	뿌듯하다	자랑스럽다
자신만만하다	후련하다	속시원하다	궁금하다	담담하다	잘될 것 같다
근사하다	상쾌하다	당당하다	포근하다	신난다	믿음직스럽다
위안이 된다	기쁘다	반갑다	설렌다	흥미롭다	긴장이 풀린다

● 욕구가 충족되지 않았을 때: 부정적 표현

불안하다	걱정스럽다	두렵다	조심스럽다	조마조마하다	겁난다
답답하다	마음이 복잡하다	부담스럽다	심란하다	성가시다	괴롭다
억울하다	외롭다	쓸쓸하다	처량하다	맥 빠진다	울고싶다
우울하다	주눅 들다	화난다	황당하다	당황스럽다	불쌍하다
아쉽다	안타깝다	후회스럽다	허무하다	지루하다	실망스럽다
미안하다	창피하다	부럽다	피곤하다	얄밉다	신경 쓰인다
슬프다	속상하다	안타깝다	불만이다	짜증난다	배신감을 느낀다
좌절하다	심통난다	원망스럽다	서운하다	불쾌하다	약 오르다

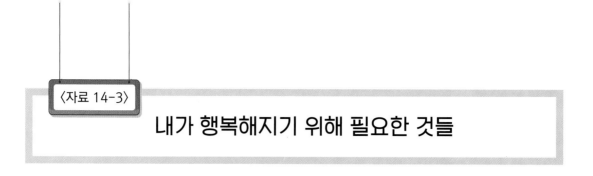

〈자료 14-3〉

내가 행복해지기 위해 필요한 것들

날짜: 이름:

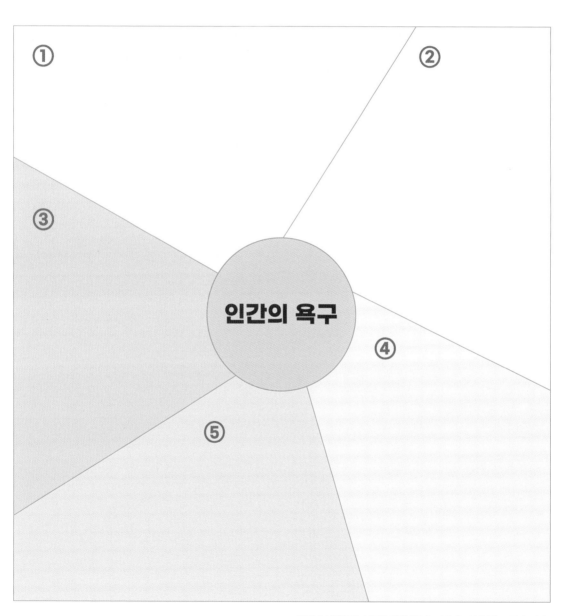

확대 복사하거나 도화지에 옮겨 그린 후 사용해도 좋습니다.

〈자료 14-2〉

행동을 보고 욕구 구분하기

날짜: 이름:

● 다음의 상황에서 어떤 욕구들이 충족될지 생각해 보고, 그 이유도 적어 봅시다.

· 엄마가 해 주신 맛있는 떡볶이를 먹어서 배가 부르다.

① 사랑과 소속의 욕구   ② 힘과 성취의 욕구   ③ 자유의 욕구

④ 즐거움의 욕구   ⑤ 생존의 욕구

왜냐하면 _____ 때문입니다.

· 오늘 친구들이 보는 앞에서 선생님께 칭찬을 받았다.

① 사랑과 소속의 욕구   ② 힘과 성취의 욕구   ③ 자유의 욕구

④ 즐거움의 욕구   ⑤ 생존의 욕구

왜냐하면 _____ 때문입니다.

· 엄마가 안 계셔서 내 마음대로 컴퓨터를 켜고 게임을 시작했다.

① 사랑과 소속의 욕구   ② 힘과 성취의 욕구   ③ 자유의 욕구

④ 즐거움의 욕구   ⑤ 생존의 욕구

왜냐하면 _____ 때문입니다.

· 사회성 프로그램에서 내가 좋아하는 풍선배구 게임을 했다.

① 사랑과 소속의 욕구   ② 힘과 성취의 욕구   ③ 자유의 욕구

④ 즐거움의 욕구   ⑤ 생존의 욕구

왜냐하면 _____ 때문입니다.

· 학교에 갔다 오다가 화장실이 너무 급해서 뛰어왔다. 집에 도착하자마자 화장실로 뛰어들어 가서 볼일을 봤다. 너무 시원했다.

① 사랑과 소속의 욕구   ② 힘과 성취의 욕구   ③ 자유의 욕구

④ 즐거움의 욕구   ⑤ 생존의 욕구

왜냐하면 _____ 때문입니다.

오늘 수업은요

날짜: **이름:**

● 오늘 수업의 느낌을 그래프로 표시해 봅시다(색연필이나 사인펜을 사용해도 좋습니다).

- 오늘 수업은 (   )점만큼 재미있었습니다.

- 오늘 수업은 나에게 (   )점만큼 도움이 되었습니다.

- 오늘 수업에서 나는 (   )점만큼 새로운 것들을 알게 되었습니다.

10			
9			
8			
7			
6			
5			
4			
3			
2			
1			
	재미	유익함	새로움

● 오늘 수업에서 내가 제일 잘했던 점은 무엇인지 두 가지만 생각해서 적어 봅시다.

- _____

- _____

15 욕구충족 구분하기:
행복할 때와 불행할 때

활동목표	1. 특정 상황에서 감정을 인식하고 표현할 줄 안다. 2. 인간의 다섯 가지 욕구와 행동 간의 관계를 안다. 3. 욕구가 충족될 때와 충족되지 않을 때가 언제인지를 안다.	집단구성	소집단
		소요시간	90분
활동과정	활동내용	시간(분)	준비물

도입	1. 감정 일기 작성
	   ● 활동지에 있는 상황을 읽고, 묻는 말에 답을 해 본다.
	     – "얘들아, 학교 친구들 중에서 혹시 다른 친구가
	      싫어하는 걸 알면서도 그 친구 별명 부르는 아이
	      를 본 적 있니?"
	     – "그렇게 별명을 불러서 놀리는 친구들이 왜 그러
	      는지 생각해 본 적 있니?"
	     – "그러면 내가 싫어하는 별명으로 누군가가 내 별
	      명을 부를 때 내 기분은 어땠니?" 등의 상호작용
	      을 먼저 하고 아이들이 활동지를 적어 보게 한다.
	   ● 다음의 상호작용을 사용하여 아동과 이야기를 나누
	   고 자랑스럽다는 감정에 대해 인식하고 표현해 본다.
	     – "너희는 자랑스럽다는 말을 들어 보거나 써 본 적
	      이 있니? 선생님은 내가 어떤 음식을 만들었는 데
	      가족들이 맛있게 먹어 줄 때 내 음식솜씨가 자랑
	      스럽게 느껴질 때가 있어. 또 너희가 수업에 와서
	      재미있어서 또 오고 싶다고 얘기해 주면 내가 수
		20	〈자료 15-1〉
			감정표

	업을 잘 하는 것 같아서 자랑스럽게 느껴지기도 하지. – "혹시 이번 주에 자랑스러웠던 적이 없다면 다른 때라도 괜찮아. 내가 가장 자랑스러웠던 때가 언제였는지 한번 생각해 보자."	
	2. 종이비행기 날리기 놀이 ● A4용지나 색종이, 잡지 등의 종이를 주고, 각자 비행기를 접게 한다. ● 각자 만든 비행기를 가지고, 〈가장 멀리 날아가는 비행기〉 〈가장 오랫동안 나는 비행기〉 〈날아가는 모습이 가장 아름다운 비행기〉 〈가장 멋지게 만들어진 비행기〉 등을 뽑는다. ● 잘 나는 비행기들의 특징이 무엇인지 함께 생각해 보고 말로 정리할 수 있게 한다. ● 이때 집단구성원들 중에서 특이하게 비행기를 접거나, 잘 날리는 아동이 있을 경우에는 그 아동이 다른 구성원들에게 비법을 알려 주는 시간을 갖는다. "○○ 덕분에 우리가 좋은 정보를 알게 되어서 고맙네."라는 말로 지지해 준다.	20
전개	〈활동: 행동과 욕구충족에 대해 알기〉 ● 인간의 모든 행동은 자신의 욕구를 충족시키기 위한 것이며, 인간의 욕구에는 다섯 가지가 있다는 것을 지난 시간에 배웠다. 이번 회기에는 각 행동이 어떤 욕구를 충족시키고, 내가 행복할 때는 어떤 욕구들이 충족되는 것이며, 불행할 때는 어떤 욕구가 채워지지 않는 것인지에 관해 알아본다. ● 자신의 행동을 연관 짓기 전에 지난 시간에 했던 활동지의 내용에서 다른 사람이 욕구가 충족될 때 행복해진다는 것을 먼저 알게 한다.	40

	• 〈자료 15-2〉의 사례를 하나씩 돌아가면서 읽게 한다. 이때 어떤 욕구가 충족되며 그 이유는 무엇인지를 이야기 나누게 하고, "○○는 _____ 욕구가 충족되어 행복합니다." 부분을 모두 함께 읽도록 한다.		〈자료 15-2〉
	• 〈자료 15-3〉을 마친 후에 "얘들아, 너희가 언제 가장 기쁘고 행복하다고 느껴지니?"라고 질문하고, 아이들이 충분히 생각해 보고 답을 할 수 있는 시간을 제공한다. 서로 간의 이야기를 들으면서 미처 생각하지 못했던 것들을 떠올릴 수 있고, 자신의 생각들을 정리할 시간을 가질 수 있다. 이야기를 나눈 후 〈자료 15-3〉을 주고 활동지를 작성해 보게 한다.		〈자료 15-3〉
	• 〈자료 15-3〉과 같은 방법으로 불행하다고 느껴질 때가 언제인지에 관해 이야기를 나누고, 〈자료 15-4〉를 적는다.		〈자료 15-4〉
	• 행복할 때와 불행할 때가 언제인지에 관해 각자 적은 것들을 놓고 발표하는 시간을 갖는다. 각자 행복한 때와 불행하다고 느끼는 때에 유사점과 차이점이 있음을 알게 한다.		
	• 욕구를 더 많이 충족해 줄 수 있는 행동을 선택하는 것이 중요하다고 이야기해 준다. 그러나 내 욕구를 채우기 위해 다른 사람의 욕구를 방해하는 것은 안 된다는 것을 함께 알려 줘서 내 욕구와 다른 사람의 욕구가 모두 중요함을 깨닫게 한다.		
마무리	• 마무리용 활동지 적기	10	〈자료 15-5〉
유의사항	인간의 욕구에 대한 활동은 자신의 행동을 이해하는 데 도움이 되지만, 저학년이나 이해도가 낮은 아동들에게는 매우 어려운 활동이 될 수 있다. 간단히 줄여서 내가 행복하다고 느껴질 때와 불행하다고 느껴질 때에 관해 그림을 그리고 설명해 보게 하거나, 간단히 써 볼 수 있게 하는 활동으로 바꿔서 사용할 수 있다.		

감정 일기

날짜: _____   이름: _____

● 특정 상황에 해당하는 감정 찾아보기

> 우석이는 진영이가 싫어하는 줄 알면서도 매일 진영이한테 "야! 이 돼지야!"라고 별명을 부른다. 오늘도 교실에서 진영이 별명을 불러서 반 친구들이 모두 함께 웃어 댔다.

· 싫어하는 별명으로 불린 진영이는 어떤 느낌이 들지 감정표에서 골라 써 봅시다.

_____

· 내가 우석이라면, 진영이가 싫어하는 줄 알면서도 별명을 부르며 놀리는 이유가 무엇일지 써 봅시다.

_____

_____

● 이런 느낌이 들 때 표현해 보기

> 남에게 드러내서 뽐낼 만하다고 여겨질 때를 '자랑스럽다'고 합니다. 예를 들어, 달리기 시합에서 1등을 하게 됐을 때 내가 자랑스러웠다고 할 수 있답니다.

· 내가 지난 한 주 동안에서 가장 자랑스러웠던 때는

_____ 할 때였습니다.

· 왜냐하면 _____ 했기 때문입니다.

〈자료 15-2〉

행동과 욕구충족에 대해 알기

날짜: 이름:

● 다음의 상황에서 각자 어떤 욕구가 충족될 것 같은지 생각해 보고, 욕구 중에서 골라 적고 읽어 봅시다(여러 가지 욕구가 한꺼번에 충족될 수도 있다).

〈보기〉

사랑과 소속의 욕구 / 힘과 성취의 욕구 / 자유의 욕구
즐거움의 욕구 / 생존의 욕구

1. 혜영이는 엄마가 해 주신 맛있는 떡볶이를 먹어서 배가 부르다.

    혜영이는 _____ 욕구가 충족되어서 행복했답니다.

2. 민석이는 오늘 친구들이 보는 앞에서 선생님께 칭찬을 받았다.

    민석이는 _____ 욕구가 충족되어서 행복했답니다.

3. 강민이는 엄마가 안 계셔서 내 마음대로 컴퓨터를 켜고 게임을 시작했다.

    강민이는 _____ 욕구가 충족되어서 행복했답니다.

4. 윤서는 체육시간에 자기가 좋아하는 풍선배구게임을 했다.

    윤서는 _____ 욕구가 충족되어서 행복했답니다.

5. 하영이는 학교에 갔다 오다가 화장실이 너무 급해서 뛰어왔다. 집에 도착하자마자 화장실로 뛰어들어 가서 볼일을 봤다. 너무 시원했다.

    하영이는 _____ 욕구가 충족되어서 행복했답니다.

나는 이럴 때 행복합니다

날짜: 이름:

욕구가 충족될 때

나의 모든 행동은 내 욕구를 채우기 위한 것입니다. 욕구가 채워질 때 우리는 만족스럽다고 느끼기도 하고, 행복하다고 느끼기도 합니다.

● 내가 행복할 때는 언제인지 다섯 가지만 생각해 봅시다. 그때 나는 어떤 욕구들을 충족시키고 있는지도 알아봅시다.

	난 이럴 때 행복합니다	이때 충족되는 욕구
1		
2		
3		
4		
5		

〈자료 15-4〉

나는 이럴 때 속상하고 불행합니다

날짜: 이름:

욕구가 충족되지 않을 때

나의 모든 행동은 내 욕구를 채우기 위한 것입니다. 우리들은 욕구가 채워지지 않을 때 불만스럽고 불행하다고 느낀답니다.

● 내가 속상하고 불행하다고 느낄 때는 언제인지 다섯 가지만 생각해 봅시다. 그때 나는 어떤 욕구들을 채우지 못하고 있는 것인지도 알아봅시다.

	난 이럴 때 속상하고 불행합니다	이때 충족되지 못하는 욕구
1		
2		
3		
4		
5		

<자료 15-5>

오늘 수업은요

날짜: _____ 이름: _____

● 오늘 수업에서 내가 가장 좋았던 점 두 가지는

_____

_____ 입니다.

● 오늘 수업에서 충족됐던 욕구는 무엇이었는지 ○표 해 봅시다.

① 사랑과 소속의 욕구   ② 힘과 성취의 욕구   ③ 자유의 욕구

④ 즐거움의 욕구   ⑤ 생존의 욕구

"그 욕구들이 충족되었을 때는 내가 _____ 를 할 때

였습니다."

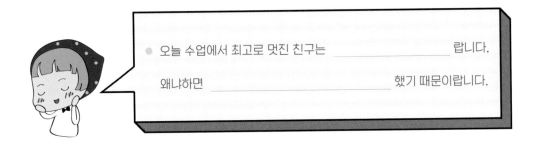

● 오늘 수업에서 최고로 멋진 친구는 _____ 랍니다.

왜냐하면 _____ 했기 때문이랍니다.

욕구가 충족되지 않을 때 대처하기

활동목표	1. 욕구가 충족되지 않을 때 계속 불행에 머무르지 않고 욕구를 채워 줄 다른 행동을 찾아보는 훈련을 한다.	집단구성	소집단
	2. 욕구가 충족되지 않을 때 부정적 신호를 지각하여 좀 더 효율적인 행동으로 바꿀 수 있다.	소요시간	90분
활동과정	활동내용	시간(분)	준비물
도입	1. 감정 일기 작성 ● 지난주에 있었던 일들 중에서 기억나는 일을 이야기하게 한다. 그중에서 한 가지를 골라 4컷 만화로 그려 보게 한다. 그림을 그리고 싶어 하지 않을 때에는 각 칸에 글로 써 보게 할 수도 있다. ● 그 일이 있었을 때의 나의 느낌과 그런 느낌이 들었던 이유들에 관해 생각해 보고 적는다.	20	〈자료 16-1〉 감정표
	2. 신문지로 투호 만들기와 투호 놀이 ● 신문지를 잘라서 대각선 방향으로 한쪽 끝부터 가늘게 말아서 길이가 약 30cm가량 되는 투호를 5개씩 만들게 한다. ● 신문지를 말 때, 잘하는 아동이 아직 다 하지 못한 친구에게 도움을 줄 수 있도록 한다. ● 모두 만들고 나서 투호를 집어넣을 통을 놓고, 일정 거리에서 던져 넣기 놀이를 한다. 이때 자기가 넣을 수 있을 것 같다고 생각되는 투호의 수를 이름과 함께 칠판에 적어 보도록 한다.	20	신문지 투호 놀이를 위한 통

	● 한 줄로 서서 하나씩 던지고 난 후에 줄 맨 뒤로 가게 하고, 다시 자기 차례가 되면 한 개씩을 던지게 한다. 이렇게 다섯 개를 모두 던지고 난 후에 실제로 자기가 넣었던 투호의 수를 칠판에 적게 한다. ● 목표했던 숫자와 실제로 넣은 숫자가 얼마나 다른지 보게 한다. 이번에는 수정된 목표 수를 써 보게 하고 나서 다시 한번 동일하게 투호놀이를 한다. *이 놀이는 자신이 목표를 정할 때 자신의 능력을 고려해서 현실적인 목표를 설정하도록 돕는 놀이다. 목표에서 많이 벗어났을 때 또는 목표로 정한 만큼 잘 되지 않아 좌절하거나 화를 내는 경우가 있다. 이때는 처음에 했을 때와 두 번째로 했을 때의 기록을 비교하면서 발전된 점들을 지지해 준다.		

| 전개 | 〈활동: 내가 원하는 것 찾기〉
● 심리적 욕구가 많이 충족될수록 행복함을 느끼고, 욕구가 채워지지 않을 때 불행함이나 속상함을 느낄 수 있다고 지난 시간에 배웠다. 이번 회기에는 욕구가 충족되지 않을 때 내가 원하는 것이 무엇인지를 확인하고, 욕구를 충족시킬 수 있는 효율적인 방법을 생각해 보는 연습을 한다.
● 지난 시간에 했던 활동지 중에서 〈자료 15-4〉의 '나는 이럴 때 속상하고 불행합니다'를 꺼내 주고 각자 읽어 보게 한다. 이 상황 중에서 3~4개를 〈자료 16-2〉의 활동지에 옮겨 적게 한다. 옮겨 적기 어려운 상황이면 속상하고 불행하다고 느껴지는 다른 상황을 새로 적어도 된다.
● 각각의 상황에서 내가 느끼는 감정, 충족되지 않은 욕구가 무엇인지 표시하고, 진정으로 원하는 것은 무엇인지, 원하는 것을 얻기 위해 내가 할 수 있는 행동을 써 본다. 생각처럼 쉽지 않은 활동이기 때문에 적어 놓은 모든 상황을 하기보다는 먼저 예로 제시한 내용을 함께 읽어 보고 교사가 한두 가지의 예를 더 들어서 함 | 40 | 〈자료 16-2〉 |

	께 이야기를 나눠 보고 적을 수 있게 한다. 또 아이들이 적은 상황에서 원하는 것을 찾지 못할 때는 그 상황을 아이들과 함께 얘기하고 원하는 것이 무엇인지를 함께 찾아보는 것도 좋다. ● 적어 놓은 것들을 읽어 보고 서로 이야기 나눈다.		
마무리	● 마무리용 활동지 적기	10	〈자료 16-3〉
유의사항	이 수업 안에서 욕구가 충족되지 않아서 기분이 좋지 않을 때, 진정으로 원하는 것이 무엇인지를 이야기해 볼 기회를 교사가 자주 제공해야 한다. 예를 들어, 놀이를 하다가 시무룩해지는 아동에게 교사는 "이기고 싶었구나." 또는 "쟤가 밀어서 게임하기가 싫어졌구나. 쟤가 사과하기를 바라는 거지?" 등의 말을 해서 실제로 자기가 무엇을 원하고 있는지를 생각해 보도록 해야 한다.		

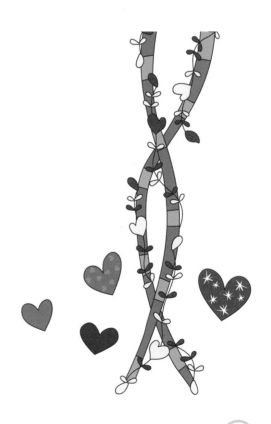

감정 일기

날짜: 이름:

● 지난주에 있었던 일 중에서 기억나는 일을 4컷 만화로 그려 봅시다.

• 무엇을 하고 있을 때 일어난 일입니까? _____ 할 때

• 그때 나는 어떤 느낌이 들었습니까? 그 이유는 무엇이었나요?

느낌: _____

왜냐하면, _____

〈자료 16-2〉

내가 원하는 것 찾기

날짜: 이름:

☺ 욕구가 채워지지 않아서 속상하고 불행하다고 느껴질 때 내가 정말로 원하는 것은?

상황	이때의 감정	충족되지 못한 욕구 (○)	내가 정말로 원하는 것	원하는 것을 얻기 위해 선택한 행동
오늘 미술시간에 수채화 그리기를 했는데 내 짝보다도 그림을 못 그린 것 같아서 속상했다.	부럽다 샘난다 화난다	사랑과 소속의 욕구 힘과 성취의 욕구 자유의 욕구 즐거움의 욕구 생존의 욕구	그림을 잘 그리는 것	① 집에서 그림을 그려 본다. ② 엄마한테 미술학원에 보내 달라고 요청한다.
		사랑과 소속의 욕구 힘과 성취의 욕구 자유의 욕구 즐거움의 욕구 생존의 욕구		
		사랑과 소속의 욕구 힘과 성취의 욕구 자유의 욕구 즐거움의 욕구 생존의 욕구		
		사랑과 소속의 욕구 힘과 성취의 욕구 자유의 욕구 즐거움의 욕구 생존의 욕구		
		사랑과 소속의 욕구 힘과 성취의 욕구 자유의 욕구 즐거움의 욕구 생존의 욕구		

오늘 수업은요

날짜: _____   이름: _____

● 오늘 수업에서 내가 속상하거나 마음에 들지 않았던 점 두 가지는

_____

_____ 입니다.

● 오늘 수업에서 충족하지 못했다고 생각되는 욕구에 ○표 해 봅시다.

① 사랑과 소속의 욕구   ② 힘과 성취의 욕구   ③ 자유의 욕구

④ 즐거움의 욕구   ⑤ 생존의 욕구

"그 욕구들이 충족되지 않았을 때는 내가 _____ 를 할 때였습니다."

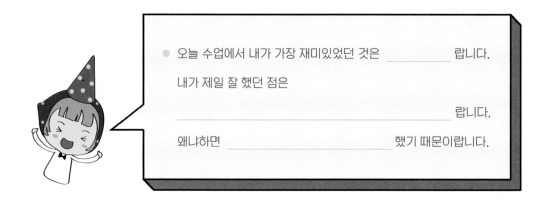

● 오늘 수업에서 내가 가장 재미있었던 것은 _____ 랍니다.

내가 제일 잘 했던 점은

_____ 랍니다.

왜냐하면 _____ 했기 때문이랍니다.

V

분노조절과 건강한 화 표현하기

17 이럴 때 싸우고 싶어요

활동목표	1. 다른 사람과의 갈등에 대해 객관적으로 생각해 보는 시간을 갖는다. 2. 내가 싸우고 싶은 마음이 드는 때는 언제인지를 기억할 수 있다.	집단구성	소집단
		소요시간	90분

활동과정	활동내용	시간(분)	준비물
도입	1. 감정 일기 작성 • 지난주에 누군가와 싸운 적이 있었는지에 관해 이야기해 본다. 자신이 누군가와 싸운 기억이 없다면 주변 사람 중에서 혹은 TV나 매체를 통해서 보았던 싸움에 관한 이야기를 해도 좋다. • 누구와 싸웠는지, 왜 싸웠는지, 싸움이 문제를 해결하는 데 도움이 됐는지, 다르게 해 보고 싶은 점에 관해 생각해 보고 일기를 작성한다.	20	〈자료 17-1〉
	2. 미션 윷놀이 ① 4개의 윷가락, 말과 말판을 준비한다. 말판은 〈자료 17-2〉를 사용해도 좋고 아이들과 함께 자유롭게 만들고 미션들을 정해서 하면 더욱 좋다. ② 나머지는 윷놀이 방법과 같고, 미션수행 부분에서 해당 미션만을 수행하면 된다.	20	〈자료 17-2〉 윷 윷판 말

전개	〈활동 1: '싸우자' 나라를 소개합니다〉 ① 만일 사람들이 서로 간에 일어난 문제를 해결하기 위해 모두 싸움을 하는 나라가 있다면 어떻게 될지 생각해 보게 한다. 어떤 일들이 벌어질 것 같은지 자유롭게 이야기를 나눈다. 이때 아이들이 나누는 이야기들을 칠판에 모두 적어 준다(예: 욕이 일상어가 될 것이다. 병원과 경찰서가 바쁠 것이다. 싸우는 소리로 항상 시끄러울 것이다. 사람들의 마음이 불안할 것이다 등). ② 나라 이름은 '싸우자'라고 이야기해 주고 자기가 생각하는 이 나라의 특징에 대해 생각나는 대로 쓰거나 그리게 한다. 표현하기 어려워하는 친구들에게는 칠판에 쓰여 있는 것 중에서 마음에 드는 내용을 골라 적거나 그리게 해도 좋다. 또 이 나라는 나중에 어떻게 될 것 같은지 이야기해 보고 쓰게 한다. ③ 각자 적은 나라 소개를 읽어 보고, 그 나라의 느낌에 대해 이야기한다. 자칫 장난처럼 흐를 수 있기 때문에 교사가 진지하고 구체적으로 이야기하는 것의 중요성에 관해 이야기해 준다. *저학년이거나 쓰기를 싫어할 경우, 벽에 전지를 붙이고 '싸우자' 나라를 모두 함께 그려 보는 협동 그림 그리기 활동으로 연결할 수 있다.	40	〈자료 17-3〉
	〈활동 2: 이럴 때 싸우고 싶어요〉 ① 각자 싸우고 싶을 때가 언제인지 자유롭게 이야기한다. 학교에서 또는 집에서 언제 누구와 싸우고 싶은 마음이 들었는지 이야기 나누게 한다. 활동지의 말풍선을 채우도록 한다. 말로 어렵다면 그림으로 그리게 해도 좋다. ② 시간이 허락된다면 실제로 싸움을 했는지, 싸우고 난 후에 기분이 어땠는지, 싸움이 문제를 해결하는 데 도움이 됐는지에 관해 자유롭게 이야기할 수 있다.		〈자료 17-4〉
마무리	● 마무리용 활동지 적기	10	〈자료 17-5〉

〈자료 17-1〉

감정 일기

날짜: _____   **이름:** _____

_____ 와 싸웠다.

왜냐하면

_____

_____ 때문이었다.

싸우고 나서 나에게 벌어진 일들은

_____ 였다.

다음에는 이렇게 다르게 해 보고 싶다.

_____

미션 윷놀이판

날짜:　　　　　　　　이름:

*새로운 미션을 자유롭게 정해서 더 추가해 봅시다.

모두 함께
노래 부르기

좋아하는
연예인
말하기

팀 전체가
개다리
춤추기

좋아하는
음식 세 가지
말하기

상대팀이
지정하는
춤추기

상대팀
모두에게
칭찬 한 가지씩
해 주기

코끼리
코하고
5바퀴 돌기

뒤로 3칸
가시오

팔굽혀 펴기
2번씩 하기

재미있는
표정 지어
상대팀
웃겨 주기

뒤로 5칸
가시오

출발
도착

〈자료 17-3〉

'싸우자' 나라를 소개합니다

날짜:　　　　　　이름:

나중에 이 나라는……

*그림이나 글로 자신의 생각을 자유롭게 표현하면 됩니다.

나는 이럴 때 싸우고 싶어요

〈자료 17-5〉

오늘 수업은요

날짜: **이름:**

- 오늘 수업에서 내가 제일 재미있었던 것은

  _____ 입니다.

- 오늘 수업에서 제일 기억에 남는 것은

  _____ 입니다.

- 오늘 수업에서 내가 제일 잘 했던 점은

  _____ 입니다.

18 분노 다루기 I: 화 알아차리기

활동목표	1. 화라는 감정에 관해 자세히 안다. 2. 화날 때의 신체 반응과 감정 상태를 알고 화를 지각할 줄 안다. 3. 화가 나는 정도에 따라 반응 행동이 다를 수 있음을 안다.	집단구성	소집단
		소요시간	90분
활동과정	활동내용	시간(분)	준비물
도입	1. 감정 일기 작성 ● 지난 한 주 동안 잘 지냈는지를 묻고 각자 있었던 일 중에서 생각나는 것에 대해 이야기 나눈다. 감정 일기를 세 가지 적도록 구성되어 있으나 이 중 한 가지 정도만 적어도 무방하다.	15	〈자료 18-1〉 감정표

	2. 신문지로 놀이하기
	   ① 신문지에 머리를 끼우고 반환점 돌아오기
	     ● 신문지를 넓게 펼친 후 머리가 들어갈 수 있을 만한 크기의 구멍을 두 개 뚫는다.
	     ● 둘씩 짝을 지어 신문지에 머리를 넣은 채로 신문지가 찢어지지 않도록 조심하면서 출발하여 반환점을 돌아오게 한다.
	     ● 두 팀으로 나눠 대항전을 펼칠 수도 있고, 릴레이처럼 진행할 수도 있다. 또 한 장의 신문지에 구멍을 여러 개 뚫어서 모두가 함께 움직여 본다.
		20	신문지

<table>
<tr>
<td></td>
<td>

● 어떻게 하면 신문지가 찢기지 않은 채로 함께 잘 움직일 수 있는지에 관해 아이들이 자신의 경험을 나누면서 더 잘 해내도록 도움을 줄 수 있다.

② 신문지 격파

● 둘씩 짝을 짓고, 한 사람이 신문지를 펴서 세로로 들게 하고 다른 한 사람이 주먹으로 힘껏 신문지를 쳐서 격파 놀이를 한다. 팽팽히 잡을수록 큰 소리가 나며 찢어져서 정서적 해소에 도움이 된다.

● 의자나 책상 사이에 세로로 신문지를 붙여 놓고 발로 차서 신문지를 찢어 본다.

● 다양한 방법으로 신문지를 찢고 날려 본다.

● 다치지 않고 활동할 수 있도록 주의한다.

● 격파하거나 찢을 때의 느낌이 어떤지를 물어보고, 언제 하면 좋을 것 같은지도 물어본다.

*활동에서 지나친 공격성이 발휘되지 않도록 주의한다.

</td>
<td></td>
<td></td>
</tr>
<tr>
<td>전개</td>
<td>

〈활동 1: 화를 객관적으로 바라보기〉

〈자료 18-2〉 정석이의 이야기를 통해 화를 객관적으로 바라볼 수 있는 기회를 갖는다.

● 시작할 때는 다음과 같은 상호작용을 통해 아동들이 흥미를 갖고 시작할 수 있게 한다. "얘들아, 오늘 선생님이 한 친구 이야기를 해 보려고 해. 정석이라는 아이가 폭발할 만큼 머리끝까지 화가 난다는 이야기인데 함께 보고 이야기해 보자."

● 교사가 정석이의 이야기를 읽어 주거나, 아동들이 모두 함께 읽는다.

● 읽고 나서는 〈자료 18-2〉의 질문에 답을 한다. 한 번에 전체를 하게 하기보다는 질문별로 아이들이 생각해 볼 기회를 주고, 먼저 말로 해 보고 난 후 자신의 생각을 적어 보게 한다. 또 엄마에게 말해 보기는 실제로 역할극처럼 한 사람이 정석이의 역할을 하고 다른 사람이 엄마의 역할을 하며 직접 해 보도록 한다.

</td>
<td>45</td>
<td>

〈자료 18-2〉

</td>
</tr>
</table>

	〈활동 2: 화가 났을 때 내 반응과 느낌〉		
	● 정석이의 이야기에서 객관적으로 바라본 화에 관한 내용을 나에게 적용시켜 살펴본다. 분노폭발 직전의 내 신체 반응과 그때의 감정을 되짚어 본다.		〈자료 18-3〉
	● 이때 교사가 "선생님은 화가 머리끝까지 났을 때 여기 있는 것들 중에서 ○○○ 세 가지가 해당되는데 너희들은 어떤 반응이 있는지 이야기해 볼까?"라고 말해서 부담 없이 이야기할 수 있게 한다.		
	〈활동 3: 화나는 정도와 그때 나의 행동, 나의 다짐〉		
	● 내가 화가 날 때는 언제인지에 대해 이야기 나누고 모두 써 보게 한다.		
	● 써 놓은 내용을 참고하여 〈자료 18-4〉를 작성하게 한다.		
	● 화가 나는 정도는 개인차와 상황에 따라 다를 수 있다. 이 점에 관해 인식하게 하고 정도에 따라 내가 다르게 행동하고 있음을 알고 화의 정도에 따라 내가 화를 다스릴 수 있다는 자신감을 갖게 한다.		〈자료 18-4〉
	● 화가 났을 때 극으로 치닫지 않고 스스로의 화가 난 정도를 가늠해서 반응을 조절하게 하기 위한 활동이다.		
	● 자신이 다스릴 수 있는 화의 정도를 확인하고, 모두 함께 나의 다짐을 큰 소리로 읽은 후 날짜를 쓰고 직접 서명하거나 이름을 쓰게 한다.		
마무리	● 마무리용 활동지 적기	10	〈자료 18-5〉
유의사항	화와 관련된 활동에서 이야기하고 써야 하는 부분이 많기 때문에 감정 일기를 쓰는 과정을 생략하거나 축소해서 시간 안배를 고려할 필요가 있다. 신문지 격파 놀이가 과격해지지 않도록 조절이 필요하다. 들고 있는 사람이 다치지 않도록 주의해야 함을 미리 알려 준다.		

감정 일기

날짜: 이름:

● 다음의 네모 칸 안에 지난 한 주 동안 여러분에게 일어난 세 가지 일을 써 봅시다. 여러분은 어떤 느낌이 들었나요? 여러분은 어떻게 행동했나요? 그것 때문에 어떤 일이 생겼나요?

일어난 일 (사건)	내가 느낀 것 (감정)	내가 한 일 (행동)	내가 한 일의 효과 (결과)
1.			
2.			
3.			

감정 알고 다루기

날짜:　　　　　　이름:

● 화가 몹시 나서 폭발하기 직전에 알아차리기

> **정석이 이야기:**
>
> 　정석이는 어제 열심히 숙제해 놓은 공책을 집에 두고 와서 학교 끝나고 화장실 청소를 했다. 청소를 하고 선생님께 검사까지 맡고 오느라 평상시보다 1시간이나 늦게 끝나서 학원에 못 갔다. 집에 돌아오니 엄마는 어디서 놀다가 학원에 가지 않았느냐며 야단을 치셨다. 너무 화가 나서 방에 들어갔더니 동생이 정석이가 숙제해 놓은 공책에 낙서를 하고 있었다. 화가 머리끝까지 난 정석이는 동생의 머리를 한 대 실컷 쥐어박고, 숙제해 놓은 공책을 북북 찢어 버렸다.

● 몹시 화가 난 정석이의 몸에는 어떤 변화가 있을지 다음 보기에서 찾아 ○표 해 봅시다.

〈보기〉

심장이 빨리 뛰어요 / 얼굴이 벌겋게 변해요 / 손발이 부르르 떨려요
머리가 터질 것 같아요 / 머리카락이 곤두서는 느낌이 들어요 / 눈물이 나요
얼굴이 화끈거려요 / 소리 지르고 싶어요 / 눈을 치켜떠요
이마에 주름이 생겨요 / 주먹을 꼭 쥐어요 / 가슴이 떨려요
째려봐요 / 머리가 아파요 / 배가 아파요 / 아무 변화도 없어요

● 감정표를 보고 정석이가 하루 종일 느꼈을 감정을 찾아봅시다.

• 숙제를 다 해 놓고 가져오지 않았다고 말했는데도 선생님이 믿어 주시지 않을 때 정석이는 어떤 감정이 들었을까요?

_____

• 숙제를 두고 가는 바람에 화장실 청소하느라 늦었는데 놀다가 늦어서 학원에 못 간다고 엄마한테 야단을 맞을 때 정석이는 어떤 감정이 들었을까요?

_____

• 이때 엄마에게 뭐라고 말하면 좋을지 연습해 봅시다.

"엄마! 사실은요. _____ **"**

● 화가 몹시 난 정석이가 방에 들어가서 한 행동은 무엇이었나요?

_____

● 정석이가 화가 난 원인은 무엇이라고 생각합니까?

_____

● 화가 몹시 나서 정석이가 한 행동으로 인해 어떤 결과들이 생길지 생각해 봅시다.
또 정석이가 화를 폭발시키지 않고 잘 해결할 수 있도록 여러분이 도움을 준다면 어떤 방법을 알려 주겠습니까?

_____

화가 났을 때 내 반응과 느낌

날짜: **이름:**

● 정석이처럼 화가 머리끝까지 났을 때, 내 몸에서는 어떤 반응이 일어나는지 ○표 해 봅시다.

〈보기〉

심장이 빨리 뛰어요 / 얼굴이 벌겋게 변해요 / 손발이 부르르 떨려요
머리가 터질 것 같아요 / 머리카락이 곤두서는 느낌이 들어요 / 눈물이 나요
얼굴이 화끈거려요 / 소리 지르고 싶어요 / 눈을 치켜떠요
이마에 주름이 생겨요 / 주먹을 꼭 쥐어요 / 가슴이 떨려요
째려봐요 / 머리가 아파요 / 배가 아파요 / 아무 변화도 없어요

● 정석이처럼 화가 머리끝까지 났을 때, 나는 어떤 느낌들이 드는지 ○표 해 봅시다(해당되는 내용이 없다면 빈 칸에 적어넣을 수 있습니다).

〈보기〉

누군가 때려 주고 싶어요 / 분해요 / 울고 싶어요 / 외로워요 /
걷어차고 싶어요 / 아무 느낌도 없어요 / 뚜껑이 열리는 것 같아요 /
절망스러워요 / 어떻게 해야 할지 막막해요 / 처량해요 /
내가 불쌍하게 느껴져요 / 무서워요 / 두려워요 / 얄미워요 / 쓸쓸해요 /
답답해요 / 억울해요 / 불쾌해요 / 걱정되요 /   /

● 화가 머리끝까지 나서 폭발했던 적이 있었나요? 나한테 그런 경험이 없었다면 친구나 가족 중에서 화가 나서 폭발하는 것처럼 보였던 사람의 상황을 적어 봅시다.

  • 내가 _____ 할 때, 화가 나서 폭발할 지경이었습니다.

〈자료 18-4〉

화나는 정도와 그때 나의 행동

날짜:　　　　　　　　　　**이름:**

● 화가 나는 정도는 상황에 따라 그 정도가 다릅니다. 똑같은 일에도 사람에 따라 어떤 때는 화가 나기도 하고, 나지 않기도 합니다. 화가 나는 정도를 내 몸의 어디까지 화로 차 있는지 표시해 봅시다. 또 이만큼 화가 났을 때 내가 하는 행동이 무엇인지도 써 봅시다.

- 발목만큼 화가 날 때는 ＿＿＿＿＿＿＿＿＿＿＿＿＿＿＿＿ 때 입니다.
  이 정도로 화날 때 나는 ＿＿＿＿＿＿＿＿＿＿＿＿＿＿＿＿ 합니다.

- 무릎만큼 화가 날 때는 ＿＿＿＿＿＿＿＿＿＿＿＿＿＿＿＿ 때 입니다.
  이 정도로 화날 때 나는 ＿＿＿＿＿＿＿＿＿＿＿＿＿＿＿＿ 합니다.

- 배꼽만큼 화가 날 때는 ＿＿＿＿＿＿＿＿＿＿＿＿＿＿＿＿ 때 입니다.
  이 정도로 화날 때 나는 ＿＿＿＿＿＿＿＿＿＿＿＿＿＿＿＿ 합니다.

- 어깨만큼 화가 날 때는 ＿＿＿＿＿＿＿＿＿＿＿＿＿＿＿＿ 때 입니다.
  이 정도로 화날 때 나는 ＿＿＿＿＿＿＿＿＿＿＿＿＿＿＿＿ 합니다.

- 머리끝까지 화가 날 때는 ＿＿＿＿＿＿＿＿＿＿＿＿＿＿＿ 때 입니다.
  이 정도로 화날 때 나는 ＿＿＿＿＿＿＿＿＿＿＿＿＿＿＿＿ 합니다.

나의 다짐

    내가 내 힘으로 잘 다스릴 수 있는 화는 _____
까지 화가 났을 때입니다. 화가 여기를 벗어나서 더 올라가려고
할 때는 먼저 내가 화가 난 원인을 찾아보고 이것을 해결하기
위해 내가 할 수 있는 행동을 찾아보기로 결심합니다.

                  _____ 년   월   일

이름: _____ (서명)

〈자료 18-5〉

오늘 수업은요

날짜: _____   이름: _____

● 오늘 수업에서 내가 새롭게 알게 된 점 두 가지는

_____ 입니다.

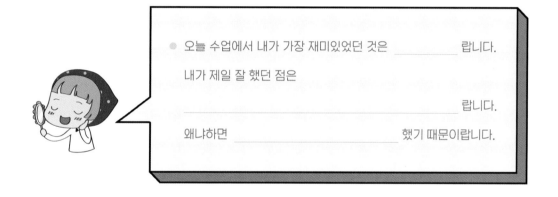

● 오늘 수업에서 내가 가장 재미있었던 것은 _____ 랍니다.

내가 제일 잘 했던 점은

_____ 랍니다.

왜냐하면 _____ 했기 때문이랍니다.

● 오늘 알게 된 사실을 통해 일주일 동안 내가 화내는 상황이나 다른 사람이 화내는 상황을 관찰하면서 어느 정도 만큼 화가 났는지, 또 어떤 신체 반응을 보이며, 어떤 행동을 하는지 살펴봅시다. 살펴본 내용에 대해 다음 시간에 이야기 나누어 봅시다.

19 분노 다루기 II: 화나서 하는 행동과 대안 행동

활동목표	1. 화가 났을 때의 내 모습을 객관적으로 바라볼 수 있다. 2. 화가 났을 때 이를 해소하기 위한 방법을 알 수 있다.	집단구성	소집단
		소요시간	90분
활동과정	활동내용	시간(분)	준비물
도입	1. 감정 일기 작성 ● 지난 한 주 동안 잘 지냈는지를 묻고, 이전 18회기 마무리에서 숙제로 내주었던 나와 주변 사람들의 화내는 상황을 관찰했던 경험에 관해 이야기를 나눈다. ● 시작할 때는 다음과 같은 상호작용을 통해 아동이 쉽게 화와 관련된 말문을 열 수 있게 한다. – "얘들아, 선생님이 오늘 아침에 아들 때문에 화가 많이 났어. 어제 저녁에 숙제를 해 놓으라고 했는데 졸려서 하기 싫다고 하기에 그냥 자고 아침에 일찍 일어나서 하기로 약속했거든. 그런데 아침에 일찍 깨우니까 짜증을 심하게 내는 거야. 그래서 더 자라고 그냥 뒀더니 일어나서는 안 깨웠다고 선생님한테 마구 화를 내는 거야. 그러다가 숙제한 공책도 놓고 가서 학교 가다가 다시 돌아와서 가져가고, 조금 있으니까 줄넘기 잊어버리고 갔다고 또 들어오는 거야. 너무 화가 나서 '야! 너 정말 이렇게 정신 안 차릴 거야?'라고 화를 버럭 내 버렸지."	15	〈자료 19-1〉

– "선생님은 오늘 선생님 아들한테 화가 났고, 화가 났던 이유는 자기가 늦잠자고 나한테 화풀이를 하니까 무시당하는 것 같아서 기분이 나빠서였고, 머리끝까지 화가 나서 가슴이 쿵쾅거리고 큰 소리를 질렀지. 그런데 아들을 야단쳐서 학교 보내 놓고 났더니 화가 풀렸다기보다는 속이 많이 상해서 아침부터 기분이 좋지 않았단다." ● 서로의 화난 경험에 관해 이야기 나누고 감정 일기를 작성한다.		

2. 신문지 하키
  ① 신문지로 스틱과 공 만들기
    ● 신문지를 넓게 펼쳐서 끝부터 말아 기다란 봉을 만든다.
    ● 봉의 한쪽 끝을 10cm 가량의 길이로 두 번 접고 비닐테이프를 감아서 하키스틱처럼 만든다.
    ● 신문지를 단단하고 둥글게 뭉친 후 비닐 테이프로 얼기설기 감싸서 신문지공을 만든다.
  ② 스틱으로 공을 쳐서 누가 멀리까지 치는지 본다.
    ● 스틱으로 공을 쳐서 몇 번 만에 골대에 넣을 수 있는지 기록을 적어 본다.
    ● 스틱으로 공 쳐서 서로에게 패스해 본다. 이때 상대방이 어떻게 하면 공을 잘 받을 수 있을지 이야기 나눈 다음에 하면 더 효과적이다.
  ③ 골대를 정하고 두 팀으로 나눠 목표점수를 정해서 하키 경기를 한다.
*신문지로 만든 하키로 공을 힘껏 쳐 내는 경험도 화가 났을 때 정서를 완화할 수 있는 한 가지 방법이 될 수 있으므로 이와 관련된 이야기를 해 준다.
	30	신문지
		비닐 테이프

전개	〈활동 1: 화가 났을 때의 내 행동 점검하기〉 ● 내가 화가 났을 때를 떠올리고, 그때 내가 자주 하는 행동들을 점검한다. 먼저 활동지의 문항들을 하나하나 질문해 주고 말로 표현해 보게 한다. 말로 먼저 표현하고 나서 활동지에 쓰게 한다.		〈자료 19-2〉
	〈활동 2: 화났을 때 푸는 방법 알기〉 ● 화가 났을 때 내가 주로 하는 행동을 점검해 본 후에는 나와 다른 친구들이 화를 푸는 방법들에 관해 서로 이야기를 나눈다. ● 각자 자신이 화를 푸는 방법들을 이야기해서 좋은 방법이 있다면 서로 나누고 새로운 방법에 관해 생각해 보는 시간을 갖는다. ● 이때 화를 푸는 것은 좋지만 나와 다른 사람을 해롭게 하는 행동들은 조심해야 한다는 것들에 관해 이야기해 준다.	35	〈자료 19-3〉
마무리	● 마무리용 활동지 적기	10	〈자료 19-4〉
유의사항	화 다루기는 17~21회기까지 5차시에 걸쳐 진행하도록 구성되었다. 그러나 집단의 특성이나 교사의 재량에 따라 줄여서 사용하거나 필요한 부분들만 뽑아서 사용할 수 있다. 또 집단구성원이 집중할 수 있는 시간이 길다면 한 번에 두 차시 이상의 활동을 몰아서 진행하는 것이 효과적일 수 있다. 너무 오랫동안 다룰 경우 집단의 구성원들이 지루함을 느낄 수 있기 때문이다.		

〈자료 19-1〉

감정 일기

날짜: 이름:

- 일주일 동안 내가 화냈던 상황이나 다른 사람이 화냈던 상황을 생각해 보고 어느 정
  도만큼 화가 났는지 또 어떤 신체반응을 보였으며, 어떤 행동들을 했는지 기억해서
  정리해 봅시다.

화난 사람은 누구였나요?	화를 냈던 이유는 무엇이었나요?	어느 정도 화가 났나요?	화가 났을 때 신체 반응과 행동은 무엇이었나요?	화가 풀렸나요?
		발목만큼 무릎만큼 배꼽만큼 어깨만큼 머리끝까지		
		발목만큼 무릎만큼 배꼽만큼 어깨만큼 머리끝까지		

화가 났을 때의 내 행동 점검하기

날짜:　　　　　　　　　이름:

● 내가 화났을 때, 주로 하는 행동은 무엇인지 생각해 봅시다.

　• 화가 몹시 났을 때 내가 주로 하는 행동은 무엇인지 찾아서 ○표 해 봅시다.

　　───── 〈보기〉 ─────

　　잠자기 / 누워 있기 / 소리 지르기 / 물건 던지기 / 손톱 물어뜯기 / 내 머리 찧기 / 잠자
　　기 / 친구 때리기 / 동생 때리기 / 게임하기 / 문을 세게 쾅 닫기 / 대들기 / 방문 닫고
　　들어가서 나오지 않기 / 밥 안 먹기 / 큰 소리로 울기 / 화나게 한 사람과 싸우기 / 엄마
　　나 선생님 등 어른에게 이르기 / 욕하기

　　내가 주로 하는 행동이 표에 없다면 다음에 적어도 좋습니다.

　　(나는 화가 몹시 났을 때 주로 　　　　　　　　　　　　　　　　　　 한다.)

　• 화가 나서 이와 같은 행동을 하는 이유는 무엇인지 생각해 봅시다.

　• 그 행동이 내가 화를 풀고 마음이 편안해지는 데 도움이 됐었나요?

　• 화가 나게 된 근본적인 원인을 해결하는 데 도움이 됐나요?

　• 그 방법이 나 자신이나 다른 사람에게 불편을 끼치진 않았나요?

　• 다르게 해 본다면 어떻게 해 보고 싶은가요?

〈자료 19-3〉

화 났을 때 푸는 방법 알기

날짜:　　　　　　　　　　이름:

● 화가 났을 때 화를 푸는 방법에는 여러 가지가 있습니다.

· 나와 다른 사람에게 피해를 주지 않고 화를 풀 수 있는 방법은 무엇이 있을지 이야기하고 써 봅시다.

· 다음에 제시된 방법 중 내가 해 볼 수 있을 것 같은 행동을 찾아봅시다.

─〈보기〉─

신문지를 박박 찢어 보기 / 신문지 격파 / 운동하기 / 샤워하기 / 산책하기 / 혼자 있을 수 있는 공간에서 소리 지르기 / 큰 소리로 노래 부르기 / 악기 연주하기 / 심호흡하기 / 수다 떨기 / 먹기 / 잠자기 / 자전거 타기 / 재미있는 책보기 / TV보기 / 컴퓨터 게임하기 / 친구들과 놀기 / 울기 / 글로 써 보기 / 낙서 / 그림 그리기 / 거울보고 나랑 얘기하기 / 껌 씹기

· 화를 푸는 나만의 비법이 있다면 친구들과 함께 나눕시다.

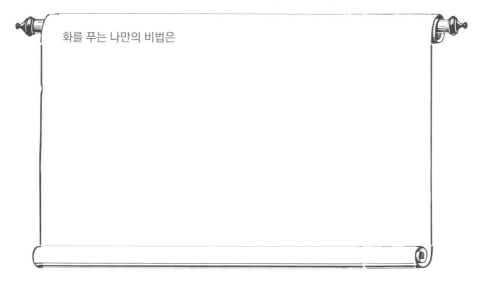

화를 푸는 나만의 비법은

※ 주의: 화를 풀 때는 나와 내 주변 사람들에게 해를 끼치지 않는 방법을 선택해야 합니다.

오늘 수업은요

날짜: 이름:

● 오늘 수업에서 내가 새롭게 알게 된 점 두 가지는

입니다.

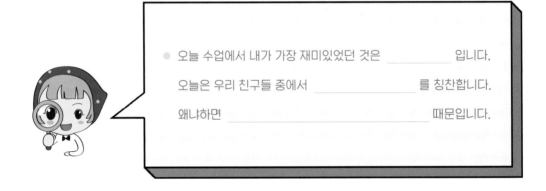

● 오늘 수업에서 내가 가장 재미있었던 것은 ＿＿＿＿＿ 입니다.

오늘은 우리 친구들 중에서 ＿＿＿＿＿＿＿＿ 를 칭찬합니다.

왜냐하면 ＿＿＿＿＿＿＿＿＿＿＿＿ 때문입니다.

분노 다루기 III: 화의 건강한 표현

활동목표	1. 화를 표현하는 것이 좋다고 생각하는 점과 그렇지 않 다고 생각하는 점에 관해 토론할 수 있다. 2. 화를 건강하게 표현하는 것의 이점을 안다. 3. 화를 건강하게 표현하는 연습을 할 수 있다.	집단구성	소집단
		소요시간	90분
활동과정	활동내용	시간(분)	준비물
도입	1. 감정 일기 작성 ● 지난 한 주 동안 잘 지냈는지를 묻고, 특히 기분 좋 은 일이 있었는지에 관해 이야기한다. 내 기분이 좋 은 적이 없었다면 주변 사람들에게 좋은 일이 있었 는지를 물어서 이야기하도록 한다. ● 기분 좋은 모습을 보고 그 이유가 무엇인지 찾아보 고 이때 충족되는 욕구를 구분할 줄 안다. 또한 기 뻐하는 모습을 관찰하면서 그때 느끼는 내 감정 찾 기를 연습한다. ● 계속적으로 화와 관련된 작업을 진행하는 중이므로 감정 일기에서는 반대로 기분이 좋은 상황들에 관 해 정리해 봄으로써 화나는 상황과 기분이 좋은 상 황의 특성에 관해 더 잘 이해할 수 있게 한다.	15	〈자료 20-1〉
	2. 풍선 놀이 ① 풍선에 표정 그리기 ● 풍선을 하나씩 준 뒤 유성펜으로 나를 화나게 하 는 대상이나 상황, 인물을 그림으로 마음껏 그려 보게 한다.		

	② 풍선 치기 ● 풍선을 주먹으로 세게 쳐서 위로 띄우기를 해 보 거나 풍선배구를 한다. 이때 누구의 화를 먼저 사 용해서 풍선배구를 할지 정해 보는 것도 좋다. ③ 풍선 터트리기 ● 자신의 화가 담긴 풍선을 어떻게 터트리고 싶은 지에 관해 이야기를 나눈다. 지나치게 위험하거 나 폭력적인 방법을 제외하고 자유롭게 풍선을 터트리게 한다. 이때 풍선이 터지는 소리 때문에 거부하는 아동이 있을 수 있으니 그 아동들에게 는 본인이 원하는 방법을 물어보고 그에 따라 풍 선을 터트리게 한다.	20	신문지 비닐테이프
전개	〈활동 1: 화를 표현하는 것은 옳은가〉 ● 화를 적절하게 표현하는 방법의 중요성에 관해 생각해 보는 시간이다. ● "애들아, 우리가 요즘 화에 관해 이야기를 나누고 있는 데 그렇다면 화를 내는 것은 무조건 나쁜 것일까? 그렇 다면 너희 중에서 화를 내면 절대 안 된다고 생각하는 사람은 누구니? 또 어떤 경우에는 화를 낼 줄 알아야 한다고 생각하는 사람은 누구니?"라는 질문을 해서 두 개의 팀으로 나눈다. 각각이 서로의 생각을 정리해서 토론 형식의 수업을 진행한다. ● 먼저, 활동지를 이용해서 각자 자기가 가진 주장에 관 해 옳다고 생각하는 이유들에 관해 적고 발표하게 한 다. 이때 상대방의 주장에서 옳다고 생각하는 점들도 정리해서 써 보게 한다. ● 토론을 통해 얻게 된 결론을 적고, 결론에 대한 나의 생각을 적는다. ● 집단이 아닐 경우, 자기가 생각하는 화를 표현하기의 장점과 단점에 대해 이야기 나눈다.	45	〈자료 20-2〉

	〈활동 2: 화를 건강하게 표현하기〉		〈자료 20-3〉
	● 화가 났을 때 잘 해결해서 좋은 기억으로 남았던 적이 있는지에 관해 이야기를 나눈다.		
	● 화를 건강하게 표현하는 경우들의 이야기를 해 주고, 적절히 표현하지 않았을 때 이유 없이 우울해진다거나 화병 같은 병이 생길 수 있다는 정보를 제공한다.		
	● 〈자료 20-3〉 상단에 적혀 있는 내용을 함께 읽어 보고 생각나는 것들에 대해 이야기 나누고 활동지에 적어 보도록 한다.		
마무리	● 마무리용 활동지 적기	10	〈자료 20-4〉
유의사항	화 다루기는 17~21회기까지 5회기에 걸쳐 진행하도록 구성되었다. 그러나 집단의 특성이나 교사의 재량에 따라 줄여서 사용하거나 필요한 부분만 뽑아서 사용할 수 있다. 또 집단구성원들이 집중할 수 있는 시간이 길다면 한 번에 두 차시 이상의 활동을 몰아서 진행하는 것이 효과적일 수 있다. 너무 오랫동안 다룰 경우 집단의 구성원들이 주제에 대해 지루함을 느낄 수 있기 때문이다.		

감정 일기

날짜:　　　　　　　이름:

● 일주일 동안 나와 내 주변 사람들이 가장 기뻐했던 일은 무엇이었는지 생각해 봅시다. 기뻐했던 이유는 무엇이었으며, 어떤 욕구가 충족되었기 때문이고, 그때 나는 어떤 느낌이 들었는지도 정리해 봅시다.

누가 기뻐했나요?	기뻐했던 이유는 무엇이었나요?	그 사람이 충족했던 욕구는?	그 사람의 기뻐하는 모습을 보고 내가 느낀 점은?
		생존의 욕구 사랑과 소속의 욕구 힘과 성취의 욕구 자유의 욕구 즐거움의 욕구	
		생존의 욕구 사랑과 소속의 욕구 힘과 성취의 욕구 자유의 욕구 즐거움의 욕구	

〈자료 20-2〉

화를 표현하는 것은 옳은가

날짜:　　　　　　　　이름:

● 화가 났음을 표현하는 것이 옳은지 그렇지 않은지에 관해 내 생각을 적어서 이야기해 봅시다.

화가 났음을 표현하는 것이 옳다고 생각하는 이유:	화가 났어도 참는 것이 옳다고 생각하는 이유:

● 결론과 나의 생각

　· 결론:

　· 나의 생각:

화를 건강하게 표현하기

날짜:　　　　　　　이름:

● 모두 함께 읽어 봅시다.

> "화를 건강하게 표현한다는 것은 화가 나는 상황에서 긍정적인 방법으로 화의 에너지를 문제해결에 사용할 수 있도록 서로의 생각과 감정을 표현하는 것입니다. 예를 들어, 나보다 친구의 수학 점수가 훨씬 더 잘 나와서 질투가 나는 바람에 몹시 화가 났다고 합시다. 나는 화가 날 때의 에너지를 사용해서 더 열심히 수학을 공부할 수 있습니다. 이때, 화의 에너지가 건강하게 표현되었다고 볼 수 있습니다. 또 짝꿍이 말도 없이 내 필통을 열어서는 연필이나 지우개를 마음대로 꺼내서 쓰고 제자리에 넣지 않는 일이 반복되어 불편할 때 짝꿍에게 화를 내고 불편함을 이야기하자, 짝꿍은 다음부터 그러지 않겠다고 이야기합니다. 이것도 나에게 생긴 문제를 해결하기 위해 내가 화난 감정을 건강하게 잘 표현한 경우입니다."

● 화를 건강하게 표현하기 위해 화를 낼 때 주의해야 할 점들은 무엇이 있는지 적어 봅시다.

　・

　・

● 내 생활 속에서 내가 건강하게 화를 표현하고 싶을 때는 언제인가요?

　・

〈자료 20-4〉

오늘 수업은요

날짜: 이름:

● 오늘 수업의 느낌을 막대 그래프로 표시해 봅시다(색연필이나 사인펜을 사용해도 좋습니다).

· 오늘 수업은 (   )점만큼 재미있었습니다.

· 오늘 수업은 나에게 (   )점만큼 도움이 되었습니다.

· 오늘 수업에서 나는 (   )점만큼 새로운 것들을 알게 되었습니다.

	재미	유익함	새로움
10			
9			
8			
7			
6			
5			
4			
3			
2			
1			

● 오늘 수업에서 내가 제일 잘했던 점은 무엇인지 두 가지만 생각해서 적어 봅시다.

· _____

· _____

21 분노 다루기 IV: 화의 원인 찾아 문제해결

활동목표	화를 풀기 위해 가장 효율적인 방법을 알고 실천할 수 있다.	집단구성	소집단
		소요시간	90분

활동과정	활동내용	시간(분)	준비물
도입	1. 감정 일기 작성 ● 지난 한 주 동안 잘 지냈는지를 묻고, 오늘 학교나 집에서 화가 난 누군가를 보았는지 기억해 보게 한다. 화가 난 그 사람은 왜 화가 났었는지, 그 사람이 화가 나서 한 행동과 말은 무엇이었는지, 만약 내가 화가 난 그 사람이라면 어떤 행동과 말을 하고 싶은지 먼저 이야기를 나누어 보고 감정 일기를 작성하게 한다.	15	〈자료 21-1〉
	2. 신문지 놀이 ① 길게 찢기 ● 신문지를 같은 크기로 한 장씩 주고 일정한 시간 동안 길게 찢도록 한다. ● 가장 길게 찢은 종이를 들고 나와서 길이를 비교해 본다. 이때 줄자를 사용해서 자신이 찢은 종이의 길이를 재 보고 수치를 적어서 보다 객관적인 방법으로 비교해 본다. ② 가장 큰 소리로 찢기 ● 신문지를 몇 십장 쌓아 놓고 찢기 시작한다. 이때 찢는 소리가 가장 크게 나는 사람을 뽑는다. 뽑힌	25	신문지 비닐테이프

	사람은 여러 가지 찢는 방법 중에서 어떻게 찢을 때 가장 큰 소리가 나는지에 대해 이야기할 수 있는 기회를 준다. ③ 신문지 마음껏 찢고 던져 보기 ● 신문지를 마음껏 찢어서 뿌리며 놀이한다. ④ 신문지 눈싸움과 눈 치우기 ● 신문지 찢은 것을 뭉쳐서 눈덩이를 만들고 두 편으로 나눠서 가운데 선을 정하고 상대편에게 눈덩이를 던지는 눈싸움 놀이를 한다. ● 다 하고 난 후 비닐 봉지를 하나씩 주고 누가 먼저 자신들의 구역을 청소하는지 내기를 한다. 이 때 비닐봉지가 여러 개면 비닐봉지의 입구를 꼭 묶어서 공처럼 전달하는 놀이로 연결해도 좋다. 서로 주고받다가 쓰레기통까지 집어넣게 한다.		
전개	〈활동 1: 화를 푸는 가장 효과적인 방법〉 ● 이전 회기까지 화를 내는 자신의 모습을 관찰하고 건강하게 표현할 줄 아는 방법에 관해 알아보았다. 마지막으로 화를 풀기 위해 화의 원인을 찾아보고 이것을 해결하는 방법에 관해 배우는 시간이다. ● "얘들아, 오늘은 마지막으로 화를 푸는 방법 중에서 가장 어렵지만 화를 가장 잘 풀 수 있는 방법에 관해 배울 거야." ● 〈자료 21-2〉에 있는 〈정석이 이야기〉를 함께 읽어 보고 기억해 본다. 활동지에서의 질문들을 말로 해 보고 아이들이 답하게 한다. 말로 답했던 것을 적어 볼 수 있게 한다. 한 번에 세 개를 하기보다는 한 개씩 묻고 쓰고 다시 한 개를 질문하는 형식으로 한다. 각 문제에 관한 답들은 다음의 내용을 참고하여 이러한 내용으로 정리해 가도록 한다.	40	〈자료 21-2〉

– 정석이가 화가 났던 이유는? ① 숙제를 잘 챙기지 않아서, ② 선생님이 내 말을 믿어 주지 않아서, ③ 엄마가 내 얘기를 들어 보지도 않고 야단치셔서, ④ 동생이 내 공책에 낙서를 해서 라고 볼 수 있습니다. – 여기서 모든 사건의 원인은 무엇일까요? 정석이가 숙제를 챙기기 않았다는 원인이 있기 때문입니다. – 이 원인을 해결하기 위해 정석이가 할 수 있는 행동은 무엇이 있을까요? 다음부터 숙제를 하고 나서 가방에 잘 챙겨 넣어 두는 행동을 생각해 볼 수 있습니다. ● 활동지를 통해 화가 나게 된 원인을 알고 이 원인을 해결하기 위해 내가 할 수 있는 행동을 생각해 본다.	
〈활동 2: 화를 푸는 가장 효과적인 방법의 실천〉 ● 앞의 활동 1에서는 정석이의 이야기를 통해서 화의 원인을 찾고 해결하는 것을 살펴보았다. ● 〈자료 21-3〉 상단에 있는 분노폭발의 신호가 올 때 내가 취할 수 있는 행동을 모두 함께 읽어 본다. ● 함께 읽어 본 후에는 내가 화가 났던 상황을 떠올리고 그 화의 원인을 찾아서 해결방법을 생각해 보는 활동을 한다. 즉각적으로 생각해 내기 어려울 때는 이전의 화와 관련된 작업들 중에서 화가 났던 상황 하나를 제시해서 연습하게 하는 것도 효과적이다. 각자가 하는 것이 어렵다면 몇 개의 화나는 상황을 읽어 주고 원인과 해결방법을 생각해 내는 훈련을 여러 차례 함께해 보면 익숙해질 수 있다. ● 마지막으로 우리의 약속을 모두 함께 읽고 마무리한다.	〈자료 21-3〉

마무리	● 마무리용 활동지 적기 화와 관련된 활동을 하면서 내가 변화된 점이 있다면 무엇이 있는지 점검해 보는 기회를 갖는다. 아동이 미처 인식하지 못하고 있다면 교사가 아동의 화내는 모습에 있어서의 변화에 관해 이야기해 주어도 좋고, 다른 친구들이 변화한 모습을 서로 이야기해 보게 하는 것도 좋다.	10	〈자료 21-4〉
유의사항	화 다루기는 17~21회기까지 5회기에 걸쳐 진행하도록 구성되었다. 그러나 집단의 특성이나 교사의 재량에 따라 줄여서 사용하거나 필요한 부분만 뽑아서 사용할 수 있다. 또 집단구성원이 집중할 수 있는 시간이 길다면 한 번에 두 차시 이상의 활동을 몰아서 진행하는 것이 효과적일 수 있다. 너무 오랫동안 다룰 경우 집단의 구성원이 주제에 대해 지루함을 느낄 수 있기 때문이다.		

〈자료 21-1〉

감정 일기

날짜: 이름:

● 오늘 학교나 집에서 화가 난 누군가를 보았는지 기억해 봅시다. 그 사람은 왜 화가 났었나요? 그 사람이 화가 나서 한 행동과 말은 무엇이었나요? 만약 내가 화가 난 그 사람이라면 어떤 행동과 말을 하고 싶은지 써 봅시다.

누가 화가 났었나요?	화가 났던 이유는 무엇이었나요?	화가 난 사람이 했던 행동과 말은 무엇이었나요?	내가 그 사람이라면 나는 이렇게 할래요.

〈자료 21-2〉

화를 푸는 가장 효과적인 방법

날짜: 이름:

● 모두 함께 읽어 봅시다.

> "화를 오랫동안 품고 있는 것은 건강에 좋지 않고 나와 내 주변 사람을 불편하게 만들기도 합니다. 화를 푸는 가장 효과적인 방법은 화가 난 원인이 무엇인지를 찾아서 그것을 해결하는 것입니다."

● 정석이의 이야기를 다시 한번 봅시다.

> **정석이 이야기:**
>
>   정석이는 어제 열심히 숙제해 놓은 공책을 집에 두고 와서 학교 끝나고 화장실 청소를 했다. 청소를 하고 선생님께 검사까지 맡고 오느라 평상시보다 1시간이나 늦게 끝나서 학원에 못 갔다. 집에 돌아오니 엄마는 어디서 놀다가 학원에 가지 않았느냐며 야단을 치셨다. 너무 화가 나서 방에 들어갔더니 동생이 정석이가 숙제해 놓은 공책에 낙서를 하고 있었다. 화가 머리끝까지 난 정석이는 동생의 머리를 한 대 실컷 쥐어박고, 숙제해 놓은 공책을 북북 찢어 버렸다.

· 정석이가 화가 났던 이유는?

    ① _____

    ② _____

    ③ _____

    ④ _____

· 여기서 모든 사건의 원인은 무엇일까요?

· 이 원인을 해결하기 위해 정석이가 할 수 있는 행동은 무엇이 있을까요? 여러분이라면 어떤 해결방법을 찾을 수 있을지 생각해 보아도 좋습니다.

〈자료 21-3〉

화를 푸는 가장 효과적인 방법의 실천

날짜: 이름:

● 정석이처럼 화가 나서 분노폭발의 위기가 올 것 같은 신호들이 느껴질 때는

  ① 이 화의 원인이 무엇인지를 먼저 점검해 봐야 합니다.

  ② 이 원인을 해결하기 위해 내가 할 수 있는 행동이 무엇인지를 찾아보고 실행해서 더
     큰 화를 내는 바람에 나와 다른 사람들에게 해가 되지 않게 하는 것이 중요합니다.

● 최근에 내가 크게 화를 냈던 경험이 있는지 생각해 보고 그 화의 원인이 무엇인지 찾
  아봅시다. 화의 원인을 찾았다면 그 원인을 해결하기 위해 내가 할 수 있는 행동에는
  무엇이 있는지도 알아봅시다.

크게 화를 냈던 상황	화의 원인	해결하기 위해 내가 할 수 있는 행동

나의 다짐

나는 내 마음속의 화를 조절할 수 있는 사람입니다.

나는 화를 건강하게 잘 표현할 수 있는 사람입니다.

이제부터 화로 인해 나와 내 주변 사람들을 불편하게

만들지 않겠습니다.

                            년   월   일

이름: _____ (서명)

<자료 21-4>

오늘 수업은요

날짜: _____   이름: _____

● 오늘로 화와 관련된 수업이 모두 끝났습니다. 화와 관련된 수업을 통해 나에게 일어
난 변화가 있다면 무엇인지 써 봅시다.

- _____

- _____

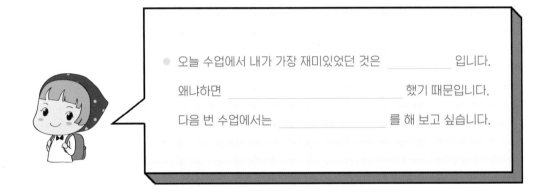

● 오늘 수업에서 내가 가장 재미있었던 것은 _____ 입니다.

왜냐하면 _____ 했기 때문입니다.

다음 번 수업에서는 _____ 를 해 보고 싶습니다.

VI

문제해결력 키우기

22 두려움에 대처하기

활동목표	1. 내가 두려워하는 것들에 대해 알 수 있다. 2. 두려움이라는 감정에 긍정적으로 대처할 수 있다.	집단구성	소집단
		소요시간	90분
활동과정	활동내용	시간(분)	준비물
도입	1. 감정 일기 작성 ● 지난 한 주 동안 내가 느꼈던 감정을 골라 색칠하거나 표시하고 왜 그 감정이 들었는지 이야기해 본다.	15	〈자료 22-1〉
	2. 앉아서 하는 대근육 놀이 ① 앉은뱅이, 무궁화꽃이 피었습니다. ● 아이들이 주로 하는 '무궁화꽃이 피었습니다' 놀이를 하되, 술래와 나머지 아이들 모두가 쭈그리고 앉은 채로 움직인다. ② 앉은뱅이, 얼음땡 놀이 ● 술래를 정한 후, 모두가 앉은 상태로 돌아다니면서 나머지 사람들은 술래를 피해 다닌다. 미처 '얼음'을 하기 전에 술래에게 잡히면 술래가 된다. ● 술래가 아닌 다른 사람들이 도망 다니다가 '얼음'이 되어 있는 사람을 쳐 주면서 '땡'이라고 외치면 '얼음'이 되었던 사람은 몸이 녹아 살아날 수 있다. ● 모두가 '얼음'이 되면 술래를 뺀 나머지 사람들끼리 가위바위보를 해서 술래를 다시 뽑는다.	25	

전개	〈활동 1: 내가 두려워하는 것들〉 ● "얘들아! 두렵다는 말을 들어본 적 있니?"라고 먼저 질문을 해서 아이들이 두려움에 관해 자유로이 이야기할 수 있게 한다. ● 두려움의 정의에 대해 자유롭게 얘기한 후 "두려움이란 어떤 대상을 무서워해서 마음이 불안하거나 마음에 꺼리거나 걱정스럽다는 뜻이야."라고 정리해 준다. ● "너희는 어떨 때 두렵다는 느낌이 드니?" "선생님은 깃털 동물을 보면 두려워져. 옆에 가는 것도 좋아하지 않고 가능하면 멀리 피해서 가려고 하지. 또 너희와 함께 하는 수업을 하기 전 날 두려운 마음이 들기도 해. 수업을 잘할 수 있을까 내가 준비한 대로 친구들이 재미있게 할 수 있을지 궁금하기도 하고 걱정스러운 마음이 들기도 해."라고 이야기한 후 아이들마다 자신이 두려워하는 것들에 관해 자유롭게 이야기하고 듣는 시간을 갖는다. "어떤 사람도 두려운 걸 모두 한 가지 이상씩은 가지고 있단다. 하지만 모두들 두려운 게 생겼을 때 어떻게 대처하는지는 저마다 다르지." *이때 교사마다 자기가 두려워하는 것들을 솔직히 이야기하면 아이들이 자신이 두려워하는 것들에 관해 좀 더 진솔한 이야기들을 할 수 있다. ● 두려운 감정을 느끼는 상황이 되었을 때 나는 어떤 행동을 하는지에 관해 이야기 나눈다. 그렇게 행동했을 때 어떤 결과가 생기는지, 또 그 행동이 두려움을 극복하는 데 도움이 되었는지도 이야기한다. 이야기를 나눈 후 〈자료 22-2〉를 작성한다.	40	〈자료 22-2〉
	〈활동 2: 두려움에 대처하기〉 ● "두려움을 어떻게 이겨내느냐에 따라 내 생활이 달라지기도 한단다." 두려움 때문에 일어나는 긍정적인 일들은 무엇이 있는지 이야기 나눈다.		〈자료 22-3〉

"선생님은 수업이 잘될지 두려워질 때면 수업을 더 열심히 준비하게 돼." "시험성적이 나쁘게 나올까 봐 두려운 친구는 공부를 열심히 하기도 하지. 또 선생님께 야단맞는 게 두려운 친구는 준비물을 잘 챙겨오기도 하고. 이렇게 두렵다는 감정이 나쁜 것만은 아니란다. 두려움을 잘 이겨 낼 수 있으면 우리 생활이 더 좋아질 수도 있는 거지."

- "두렵지만 해 보기로 선택했을 때 좋은 결과를 얻었던 경험이 있다면 무엇이 있었니?"
- "이전에는 두려워했지만 이제는 두려워하지 않게 된 것이 있다면 무엇인가요? 더 이상 두려워하지 않게 된 비법이 있다면 무엇인가요?"와 같은 질문들을 하고 이에 대한 이야기를 나눈 후 〈자료 22-3〉을 작성한다.

| 마무리 | • 마무리용 활동지 적기 | 10 | 〈자료 22-4〉 |

날짜: 이름:

● 지난 한 주 동안 내가 느꼈던 감정을 골라 색칠하거나 표시하고, 왜 그 감정이 들었는 지 이야기해 봅시다.

재미있어요	신나요
행복해요	고마워요
미안해요	화가 나요
실망스러워요	걱정스러워요
무서워요	슬퍼요

〈자료 22-2〉

내가 두려워하는 것들

날짜: 이름:

● 내가 두려워하는 것들은 무엇이 있는지 적어 봅시다.

  (예: 귀신이나 유령, 혼자 있는 것, 숙제 안 하고 학교에 가기, 발표하기, 시험 보기, 높은 곳에 올라가기, 캄캄한 것, 부모님이 화나서 때리거나 소리치는 것, 치과 가기, 천둥이나 번개, 청룡열차나 바이킹 타기 등)

● 내가 가장 두려워하는 것은 무엇입니까?

● 이것들을 내가 두려워하는 이유는 무엇인가요?

● 두려움을 느낄 때 어떤 행동을 하나요? 그 행동이 두려움을 없애는 데 도움이 됐나요?

● 두려움을 극복하기 위해 내가 할 수 있는 다른 행동은 무엇이 있을까요?

<자료 22-3>

두려움에 대처하기

날짜: 이름:

- 나는ㅤㅤㅤㅤㅤㅤㅤㅤㅤㅤㅤㅤㅤㅤㅤㅤ를 두려워한 덕분에

ㅤㅤㅤㅤㅤㅤㅤㅤㅤㅤㅤㅤㅤㅤㅤㅤㅤㅤ할 수 있었습니다.

예) 나는 달리기에서 꼴찌하는 것을 두려워한 덕분에 미리 연습해 볼 수 있었습니다.

- 두렵지만 해 보기로 선택했을 때 좋은 결과를 얻었던 경험이 있다면 무엇이 있었나요?

- 이전에는 두려워했지만 이제는 두려워하지 않게 된 것이 있다면 무엇인가요? 두려워 하지 않게 된 방법이 있다면 무엇인가요?"

- 사람은 누구나 두려움을 가지며, 그러한 두려움은 이겨 낼 수 있습니다. 두려움에 대 해 긍정적으로 대처하는 나만의 방법을 찾아보고 친구들에게도 비법을 알려 줍시다.

두려움을 이기는
나만의 비법

〈자료 22-4〉

오늘 수업은요

날짜: 이름:

● 오늘 수업에서 느낀 점이나 하고 싶은 말을 다섯 글자로만 표현해 봅시다.

● 오늘 수업에서 내가 가장 잘했던 것은   입니다.

왜냐하면   했기 때문입니다.

23 놀림에 대처하기

활동목표	1. 친구나 가족의 놀림에 대해 객관적으로 생각할 수 있다. 2. 친구나 가족의 놀림에 대처하는 방법을 알고 연습할 수 있다.	집단구성	소집단
		소요시간	90분
활동과정	활동내용	시간(분)	준비물
도입	1. 감정 일기 작성 ● 지난 한 주 동안 있었던 일 중에서 가장 생각나는 일 두 가지를 자유롭게 이야기한다. 가장 속상했던 일과 가장 즐거웠던 일에 대해 이야기하고 활동지에 적어 본다.	10	〈자료 23-1〉
	2. 앉아서 하는 놀이 ① 아이엠그라운드 게임: 자기별명 대기 ● 각자 불리고 싶은 별명을 한 가지씩 정한다. 별명을 정하지 못할 경우 다른 아이들이 도와주도록 하고, 다른 아이들이 추천해 준 별명이 마음에 드는지를 물어서 마음에 드는 별명을 찾도록 한다. ● 양손으로 무릎을 한번 치고, 손뼉을 치고, 왼손 엄지를 왼쪽으로, 오른쪽 엄지를 오른쪽으로 펼치는 네 박자 동작을 먼저 연습한다. ● 차례를 정한 후 "아이엠그라운드 자기별명 대기"라고 외친 후 네 박자 째에 자기 별명을 소개한다. ● 다음에는 "꽃미남 넷" 하면 무릎에서부터 "꽃미남, 꽃미남, 꽃미남, 꽃미남."이라고 외친 후, 다시	20	

	무릎에서부터 치고 나서 마지막 박자에 다른 별명과 함께 원하는 숫자(4번까지 가능)를 말하면 된다(예: "예쁜애 둘"). • 벌칙은 자유롭게 정하고 익숙해지면 속도를 빨리 하거나, 별명을 바꾸는 기회를 가질 수도 있다. • 이때 자기가 만든 별명이 마음에 든다면 이후로 그렇게 불러달라고 친구들에게 요구할 수도 있다. *'불리고 싶은 별명'으로 불릴 때 기분이 어땠는지에 관해 이야기해 보는 기회를 가진다.		
전개	〈활동 1: 친구들이 놀려요〉 • "얘들아! 선생님은 어렸을 때 나보고 땅콩이라고 부르면 기분이 좀 나빴어. 키가 작아서 누군가 그렇게 부르면 놀리는 것처럼 들렸었거든." "너희는 친구들이 어떻게 하면 놀리는 것 같은 기분이 드니?" "오늘 다른 친구를 놀리는 아이를 본 적은 있니? 뭐라고 놀렸는지 이야기해 볼래?"라는 질문을 하여 편안하게 말할 수 있도록 한다. • "오늘 친구들이 한 말이나 행동 중에서 놀리는 것 같은 기분이 들었던 적은 있었어?" "그렇게 놀릴 때 어떻게 대응하고 싶었어?" 등의 이야기를 나누고 활동지를 작성하게 한다. • '놀림에 대처하는 마음근육 키우기'를 모두 함께 읽어 보고 이에 대해 이야기 나눈다.	50	〈자료 23-2〉
	〈활동 2: 놀리는 친구에게 하고 싶은 말이나 그림 그리기〉 • 놀리는 친구에게 해 주고 싶은 말을 마음껏 쓰거나 그려 보게 한다.		〈자료 23-3〉
마무리	• 마무리용 활동지 적기 지금 여기에서의 감정을 찾아보고 그 이유를 찾아보는 연습을 한다.	10	〈자료 23-4〉

감정 일기

날짜: _____   이름: _____

- 다음 네모 칸 안에 지난 한 주 동안 가장 속상했던 일 한 가지와 가장 즐거웠던 일 한 가지를 적어 봅시다. 여러분은 그때 어떤 느낌이었나요? 그렇게 느낀 이유는 무엇이었나요?

그 일이 일어난 날짜 (월/일/요일)	일어난 일 (사건)	내가 느낀 것 (감정)	그렇게 느낀 이유
1.			
2.			

〈자료 23-2〉

친구들이 놀려요

날짜: 이름:

● 오늘 학교에서 '친구를 놀리는 말이나 행동'을 보았나요?

• 어떤 상황에서 친구를 놀리고 있었는지 이야기해 봅시다.

• 놀리는 친구와 놀림을 받는 친구의 표정은 어땠는지 기억해 봅시다.

• 놀림을 받는 친구가 어떻게 대응했는지 찾아봅시다. 여기에 있지 않은 방법을 적어도 됩니다. (   )

┌─────────────────── 〈보기〉 ───────────────────┐

운다 / 쫓아가서 때린다 / 싸운다 / 얼굴이 빨갛게 된 채로 앉아 있다 / 선생님께 이른다 / 같이 놀린다 / 무시한다 / 못들은 척한다 / 하던 일을 계속한다 / 그렇게 놀리면 기분 나쁘다고 이야기한다 / 소리를 지른다 / 놀리는 아이에게 화를 낸다 / 놀리는 곳에서 자리를 피한다 / 아무 반응도 하지 않는다 / 왜 놀리는지 물어본다

└───┘

• 이와 같이 반응했을 때 놀리는 행동이나 말을 멈췄나요?

● 놀림을 받을 때 나는 어떻게 행동하는지에 관해 이야기 나누고 간단히 써 봅시다.

● 내가 놀림을 받을 때 해 보고 싶은 대응방법을 찾아보고 간단히 써 봅시다.

● 다른 사람들이 어떤 말이나 행동을 할 때, 나는 놀림을 받고 있다는 느낌이 드나요?

● 친구를 놀리는 이유는 무엇일까요? 내가 친구를 놀릴 때는 어떤 때였는지 기억해 보고 왜 놀렸는지 이유도 말해 봅시다.

놀고 싶은데 안 놀아 줄 때, 말을 걸고 싶은데 쑥스러워서,
반가운 마음이나 서운한 감정이 들었는데 표현을 잘 못해서,
친구의 반응이 재미있어서, 친구가 얄미워서, 더 친해지는 느낌이 들어서,
다른 친구도 놀리니까 따라 하느라.

● 나를 자주 놀리는 친구가 나를 놀리는 이유는 무엇일지 생각해 봅시다.

● 앞으로 누군가 나를 놀리면

할 것입니다.

● '놀림에 대처하는 마음근육 키우기'에 대한 다음의 내용을 소리 내어 읽어 봅시다.

> **❤ 놀림에 대처하는 마음근육 키우기**
>
> 　친구나 가족의 놀리는 말을 듣고도 화내지 않을 수 있는 튼튼한 마음근육이 필요합니다. 일부러 놀리거나 비난하는 사람은 많지 않습니다. 놀리는 말에 지나치게 예민하게 대처하면 오랫동안 마음에 남아 상처가 됩니다. 놀리는 말을 중요하게 오래 생각할수록 기분이 더 나빠지고 자존감이 낮아지기 때문입니다. 놀림에 예민하게 반응할수록 상대방은 더 재미있어 하고 놀림이 계속될 수 있습니다. 놀리는 말을 무시하고 아무렇지도 않은 척 넘어갈 수 있는 튼튼한 마음근육을 키워 봅시다. 놀림이 불편할 때 아무 반응도 보이지 않기!

〈자료 23-3〉

놀리는 친구에게 이렇게 말해요

날짜: 이름:

*그림으로 그려도 좋습니다.

수업을 마치면서

날짜: 이름:

● 오늘 내가 이 수업에서 느꼈던 감정을 골라 색칠하거나 표시하고, 왜 그 감정이 들었
는지 이야기해 봅시다.

재미있어요

신나요

행복해요

고마워요

미안해요

화가 나요

실망스러워요

걱정스러워요

무서워요

슬퍼요

스스로 의사 결정하기

활동목표	1. 선택해서 결정할 때의 어려운 정도를 판단할 수 있다. 2. 내가 원하는 것을 선택할 때 고려하는 여러 가지 기준에 대해 알 수 있다.	집단구성	소집단
		소요시간	90분
활동과정	활동내용	시간(분)	준비물
도입	1. 감정 일기 작성 　● 수업에 들어오기 직전에 어떤 감정이었는지를 찾아서 표시해 봅니다. 　● 왜 그 감정들을 골랐는지에 대해 이야기해 봅시다.	15	〈자료 24-1〉
	2. 포수 놀이 　① 인원수만큼 제비뽑기를 할 수 있는 작은 종이를 준비한다. 　② 종이에 '왕'과 '포수'를 적고, 나머지 종이에는 '사슴' '토끼' '곰' 등 여러 짐승 이름을 적는다. 　③ 글자가 보이지 않게 두 번 접어 잘 섞고 높이 던졌다가 떨어뜨린다. 　④ 자유롭게 떨어진 종이를 한 장씩 잡는다. 　⑤ 종이에 적힌 대로 왕, 포수, 여러 짐승의 역할이 된다. 　⑥ 왕이 된 사람이 자리를 잡고 "포수야, 포수야, 이리 오너라." 하고 포수를 부른다. 　⑦ 포수를 뽑은 사람은 "예" 하고 왕 앞에 나선다. 　⑧ 왕은 포수에게 "너 저 앞산에 가서 사슴(또는 다른 짐승)을 잡아오너라." 하는 명령을 내린다.	25	

	⑨ 포수는 명령을 받고 여러 짐승 중에서 왕이 잡아오라고 명령한 짐승을 찾는다. 여러 사람을 살펴보면서 그 짐승을 뽑은 사람일 것 같은 사람을 잡아서 왕 앞에 데려온다. ⑩ 포수가 정확하게 잡아오면 무사하나 잘못 잡아오면 모두가 함께 정한 벌을 받는다. ⑪ 벌은 보통 노래를 부르거나 왕이 심부름시키는 일을 한다. ⑫ 이때 자기가 왕이 잡아오라고 했던 짐승이 아닌 것처럼 행동하여 포수를 헷갈리게 할 수도 있다. ⑬ 잘 맞추는 아이들에게는 어떻게 잘 맞출 수 있었는지, 모두 다 잘못 맞췄다면 어떻게 관찰하면 잘 잡을 수 있을지에 관해 다 함께 생각해 보는 시간을 가질 수 있다.		
전개	〈활동 1: 선택해서 결정하기에 쉬운가요〉 ● 활동지에 있는 항목들을 하나씩 읽고 결정의 어려운 정도를 숫자로 나타내 본다. ● 항목에 따라 어려운 정도에 있어 개인차가 있을 수 있으니, 이에 대해 이야기를 나누거나 이유를 말해 보게 할 수 있다. ● 선택할 때 내가 주로 사용하는 방법이 무엇인지에 대해 이야기한다.		〈자료 24-2〉
	〈활동 2: 결정할 때 가장 중요한 것〉 ● 어떤 일을 선택할 때 내가 가장 중요하다고 여기는 가치들을 기준으로 고르게 된다. 내가 가장 중요하다고 여기는 가치는 무엇인지 차례대로 번호를 써 본다. ● 활동 1에서 썼던 활동지에서 내가 결정하기 어렵다고 생각했던 일을 다시 살펴본다. ● 내가 가장 중요하다고 여겼던 가치를 옆에 써 보고, 그 가치를 기준으로 내가 할 수 있는 결정은 무엇인지 생각해 보고 쓴다. ● 써 놓은 내용을 읽고 함께 이야기 나눈다.	40	〈자료 24-3〉
마무리	● 마무리용 활동지 적기	10	〈자료 24-4〉

〈자료 24-1〉

감정 일기

날짜: 이름:

● 수업에 들어오기 직전에 어떤 감정이었는지 다음 보기에서 골라 봅시다.

┌─────────── 〈보기〉 ───────────┐

기쁘다 / 즐겁다 / 행복하다 / 만족스럽다 / 속상하다 / 신난다

기대된다 / 재미있다 / 속 시원하다 / 반갑다 / 뿌듯하다

화나다 / 섭섭하다 / 후회스럽다 / 고맙다 / 불쌍하다

걱정스럽다 / 억울하다 / 실망스럽다 / 불만스럽다 / 외롭다

답답하다 / 슬프다

└──────────────────────────────┘

• 여기 오기 직전에 나는 _____ 이었습니다(감정 고르기).

• 왜냐하면 _____ 했기 때문입니다.

• 지금은 _____ 입니다(감정 고르기).

• 왜냐하면 _____ 이기 때문입니다.

〈자료 24-2〉

선택해서 결정하기에 쉬운가요

날짜: 이름:

● 다음의 항목을 읽고 결정의 어려운 정도를 숫자로 나타내 봅시다.

1	2	3	4	5
아주 쉬운 결정	쉬운	보통	어려운	아주 어려운

1. 아침에 눈을 뜰까 말까? (   )

2. 자기 전에 이를 닦을까 말까? (   )

3. 이 옷을 입을까, 저 옷을 입을까? (   )

4. 오늘 이 프로그램에 갈까 말까? (   )

5. 숙제를 먼저 할까, 친구랑 놀기를 먼저 할까? (   )

6. 집에 버스를 타고 갈까, 아니면 친구와 걸어갈까? (   )

7. 토요일에 친구의 생일파티에 갈까, 가족들과 야구 경기를 보러 갈까? (   )

8. 친해지고 싶은 친구가 있을 때 말을 먼저 걸까, 걸어 줄 때까지 기다릴까? (   )

9. 학교에서 어떤 친구가 괴롭힐 때 선생님한테 이를까, 이르지 말까? (   )

10. 다른 친구에게 들었던 비밀 얘기를 단짝친구에게 말할까, 말하지 말까? (   )

11. 싸움 잘 하는 친구가 내 저금통을 몰래 꺼내 와서 자기가 원하는 장난감을 사 달라고
    말하면 사 줄까 말까? (   )

12. 밖에서 놀다가 집에 들어왔는데 씻을까 말까? (   )

13. 성적표 때문에 엄마에게 야단맞을까 봐 걱정된다. 성적표를 고칠까 말까? (   )

14. 단짝친구가 왕따가 됐다. 계속 놀아야 할까, 놀지 말아야 할까? (   )

15. 어려운 시험문제를 풀고 있는데, 공부 잘하는 옆 친구의 답이 보였다. 보고 쓸까 말
    까? (   )

〈자료 24-3〉

결정할 때 가장 중요한 것은?

날짜: 이름:

● 다음은 사람들이 결정할 때 중요하다고 여기는 가치의 목록입니다. 내가 결정할 때 가장 중요하다고 여기는 것에 1번, 그 다음으로 중요한 것에는 2번과 같이 중요하다고 여기는 순서대로 번호를 써 봅시다.

가치 목록	번호
정직함	
우정	
다른 사람에게 칭찬받는 것	
최선을 다하는 것	
규칙을 지키는 것	
다른 사람에게 피해를 주지 않는 것	
내 행동에 책임을 지는 것	
약속 지키기	
다른 사람을 사랑하는 것	
건강	
다른 사람의 의견을 중요하게 생각해 주는 것	
용감함	
리더십	
예의	
돈이 많아야 함(부유함)	
공부를 잘해야 함	
내가 행복하다고 느끼는 마음	
즐거움	
나를 사랑하는 마음	
힘이 세서 잘 싸우는 것	

● 앞의 활동지에서 내가 결정하기 어렵다고 생각했던 일은 무엇인가요?

(번,   )

· 내가 가장 중요하다고 여겼던 가치는 무엇인가요? (   )

· 그 가치를 기준으로 내가 할 수 있는 결정은 무엇일까요? (   )

오늘 수업은요

날짜: 이름:

● 오늘 수업에서 내가 하기로 선택한 일은 무엇이었나요?

　내가 선택했던 결정이 마음에 들었었나요?
_____

　다르게 선택한다면 어떤 결정을 하고 싶은가요?
_____

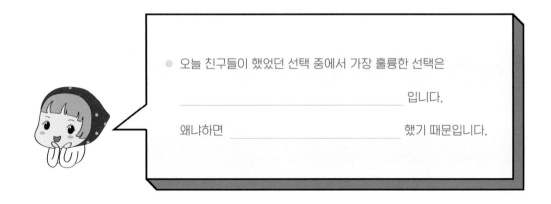

● 오늘 친구들이 했었던 선택 중에서 가장 훌륭한 선택은

_____ 입니다.

왜냐하면 _____ 했기 때문입니다.

일의 우선순위 정해서 행동하기

활동목표	1. 자기 일이나 활동의 우선순위를 정하고 그에 따라 행동하는 것을 배울 수 있다.	집단구성	소집단
	2. 우선순위를 정해서 행동하는 것의 좋은 점에 관해 안다.	소요시간	90분
활동과정	활동내용	시간(분)	준비물
도입	1. 감정 일기 작성 ● 오늘의 감정 일기는 나의 감정 일기를 쓰는 것이 아니고 오늘 만났던 사람들 또는 프로그램에 와서 만난 친구들이나 선생님의 감정을 살펴보기로 한다. ● 오늘 가장 기억에 남는 사람과 그 사람이 느꼈을 감정을 추측해 보고 그 이유에 대해서도 말해 본 후 일기를 작성해 보게 한다.	15	〈자료 25-1〉
	2. 허수아비 놀이 ① 출발선을 긋고 가위바위보로 순서를 정한다. ② 1등부터 "허수아비"라고 외치며 네 발자국만큼 뛰어가서 멈춰 선 후 자리를 잡는다. ③ 나머지 구성원들도 순서대로 1등과 같이 한다. 이때 자기보다 앞 등수의 사람이 출발선으로 돌아가기 어렵게 손발로 막아설 수 있는 자세를 취한다. ④ 마지막 사람까지 출발선을 넘어 도착하면 1등부터 다시 출발선으로 돌아가는데, 이때 다른 사람의 몸에 닿으면 죽는다. 또 네 발자국 안에 출발선으로 돌아오지 못해도 죽게 된다.	25	

	⑤ 제일 나중에 죽은 사람, 또는 안 죽은 사람이 1등이 되어 놀이를 다시 시작한다.		
전개	〈활동 1: 재윤이는 무슨 일을 먼저 해야 할까요〉 ● 여러 가지의 해야 할 일이 있을 때, 어떤 일을 먼저 선택해야 할지 몰라서 고민했던 경험에 관해 이야기한다. 그때 어떤 방법으로 해야 할 일을 선택했는지, 그렇게 했을 때 어떤 일이 생겼는지에 관해 말하는 시간을 갖는다. 이때 교사의 경험에 관해 얘기할 수 있다. "선생님은 해야 할 일이 많을 때에 수첩에 차례로 쓰고 나서, 빨리 해야 할 일과 나중에 해도 되는 일을 구분해. 그리고 해 놓은 일은 빨간색으로 지우기도 하지. 그러면 시원해지는 기분이 들고, 해야 할 일들을 빼먹지 않고 할 수가 있거든." ● "먼저 해야 하는 일과 나중에 해도 되는 일을 구분할 줄 알면 어떤 점이 좋아질까?"라는 질문을 한 후 아이들이 자유롭게 이야기할 수 있게 한다. ● 〈자료 25-2〉의 재윤이의 상황을 읽어 주고 어떻게 결정하면 좋을지에 관해 자유롭게 이야기한다. ● 이야기를 나눈 후 〈자료 25-3〉의 목록을 가위로 모두 자른다. ● 〈자료 25-3〉의 그래프 위에 자른 목록들을 차례로 적당한 위치에 올려놓는다. 모두 다른 결정을 할 수 있으므로 그 부분에 관해서는 충분히 존중해 주는 것이 바람직하며, 그렇게 생각하는 이유들에 관해 자유롭게 이야기 나눈다. ● 그래프 위에 정리해 놓은 목록들을 보면서 〈자료 25-2〉의 '내가 재윤이라면 다음의 순서로 일을 해 나갈 것입니다'에 채워 넣게 한다.	40	〈자료 25-2〉 〈자료 25-3〉

	〈활동 2: 나는 무슨 일을 먼저 해야 할까요〉		〈자료 25-4〉
	● 내가 이 시간 이후에 집에 돌아가서 해야 할 일들이나 하고 싶은 활동들을 생각나는 대로 모두 적어 보게 한다. 이때 게임하기나 화장실 가기, 밥 먹기 등의 일상적인 활동도 모두 적어 보게 한다.		
	● 이것들을 모두 써서 가위로 자른 후 똑같은 방법으로 우선순위에 따라 적어 보는 활동을 한다. 또는 각 활동 옆에 중요성과 빨리 해야 하는 시급성에 따라 각자 자신만의 표시를 해 보는 활동을 해도 좋다.		
	● 언제 이러한 분류 방법을 사용하면 좋을지에 관해 간략히 이야기 나누고 마무리한다.		
마무리	● 마무리용 활동지 적기	10	〈자료 25-5〉

감정 일기

날짜: _____ 이름: _____

● 오늘 만난 사람들 중에서 가장 기억에 남는 사람은 누구입니까? _____

● 오늘 그 사람을 만났을 때, 그 사람이 어떤 느낌이 들 것처럼 보였는지 다음에서 골라 적어 봅시다. 그렇게 느낀 이유는 무엇이었나요?

┌─────────────── 〈보기〉 ───────────────┐

기쁘다 / 즐겁다 / 행복하다 / 만족스럽다 / 속상하다 / 신난다

기대된다 / 재미있다 / 속 시원하다 / 반갑다 / 뿌듯하다

화나다 / 섭섭하다 / 후회스럽다 / 고맙다 / 불쌍하다

걱정스럽다 / 억울하다 / 실망스럽다 / 불만스럽다 / 외롭다

답답하다 / 슬프다

└───────────────────────────────────┘

· 오늘 만난 _____ 의 감정은 _____ 일 것 같습니다.

· 왜냐하면 _____

_____ 때문입니다.

〈자료 25-2〉

무슨 일을 먼저 해야 할까요

날짜: _____ 이름: _____

● 다음의 내용은 학교에 다녀온 재윤이가 지금 해야 할 일과 하고 싶은 일들입니다. 동시에 모든 일을 할 수 없기 때문에 일을 할 순서를 결정해야 하는데, 여러분이라면 어떻게 결정하겠습니까?

> "재윤이는 지금 배가 고파서 냉장고에서 간식을 꺼내 먹고 싶습니다. 지금이 오후 2시인데 3시까지 피아노 학원에 가야 합니다. 단짝친구 준서가 놀이터에서 놀자고 전화가 왔습니다. 내일 준비물로 나뭇잎 10개와 열매들을 주우러 나갔다 와야 합니다. TV에서 내가 좋아하는 만화 프로그램을 시작했습니다. 내일은 수학 단원평가가 있어서 문제집을 다섯 장 풀어야 합니다. 학교에 다녀왔기 때문에 손을 씻어야 합니다. 학교도서관에서 읽고 싶은 동화책을 빌려 왔는데 지금 읽고 싶습니다."

• 내가 재윤이라면, 다음의 순서로 일을 해 나갈 것입니다(다음 장의 〈자료 25-3〉을 먼저 하고 나서 정리해 봅시다).

① _____

② _____

③ _____

④ _____

⑤ _____

⑥ _____

⑦ _____

⑧ _____

일의 우선순위 정하기

날짜: 이름:

재윤이는 지금 배가 고파서 냉장고에서 간식을 꺼내 먹고 싶습니다.	지금이 오후 2시인데 3시까지 피아노 학원에 가야 합니다.
내일 준비물로 나뭇잎 10개와 열매들을 주우러 나갔다 와야 합니다.	단짝친구 준서가 놀이터에서 놀자고 전화가 왔습니다.
TV에서 내가 좋아하는 만화 프로그램을 시작했습니다.	내일은 수학 단원평가가 있어서 문제집을 다섯 장 풀어야 합니다.
학교에 다녀 왔기 때문에 손을 씻어야 합니다.	학교도서관에서 읽고 싶은 동화책을 빌려 왔는데 지금 읽고 싶습니다.

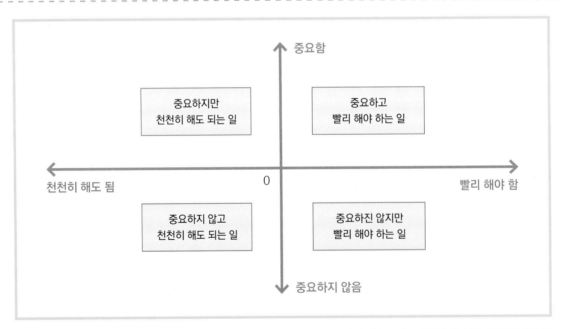

*가장 위의 목록에서 해야 할 일의 목록을 모두 잘라서 각각의 중요도나 시급성에 따라 그래프 위에 놓아 보고 다음에 관한 이야기를 나누어 봅시다. 이 중에서 어떤 일을 가장 빨리 해야 할까요? 가장 늦게 해도 되는 일은 무엇인가요? 나는 어떤 일을 가장 먼저 하고 싶은가요?

〈자료 25-4〉

내가 하는 일의 우선순위 정하기

날짜:　　　　　　　이름:

● 오늘 내가 해야 하는 일이나 하고 싶은 활동은 무엇이 있는지 빈 칸에 적어 봅시다.

· 이 일이나 활동들을 앞에서 배운 중요도와 시급성에 따라 네 가지로 분류해 봅시다.

중요하고
빨리 해야 하는 일

중요하지만
천천히 해도 되는 일

중요하지 않지만
빨리 해야 하는 일

중요하지 않고
천천히 해도 되는 일

· 이들 중에서 어떤 일을 가장 빨리 해야 할까요?

· 가장 늦게 해도 되는 일은 무엇인가요?

· 나는 어떤 일을 가장 먼저 하고 싶은가요?

<자료 25-5>

오늘 수업은요

날짜: 이름:

● 오늘 수업에서 느낀 점이나 알게 된 것을 열 글자로 표현해 봅시다.

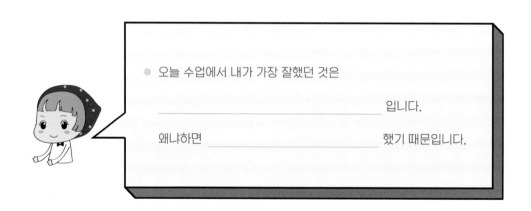

● 오늘 수업에서 내가 가장 잘했던 것은

                                   입니다.

왜냐하면   했기 때문입니다.

26 변화하는 내 모습 받아들이기

활동목표	1. 크고 작은 자신의 변화에 대해 인식한다. 2. 다른 사람을 관찰하여 변화된 모습을 표현할 수 있다.	집단구성	소집단
		소요시간	90분
활동과정	활동내용	시간(분)	준비물
도입	1. 지난 한 주 동안 지냈던 이야기 나누기 감정표를 꺼내 놓고 지난주에 느꼈던 감정을 세 가지 고르게 한 후, 그 감정의 이유를 말한다.	10	〈자료 26-1〉 감정표
	2. 케이크 만들기 ① '세상에서 가장 소중한 사람'에게 보낼 케이크를 만들어 보자고 이야기한다. ② 케이크를 만들 재료들을 모두 꺼내 놓고 10~15분의 시간을 정해 준 후 각자가 케이크를 만들어 보게 한다. 두꺼운 도화지를 반으로 자른 후 그 위에 케이크를 만들어서 옮길 수 있게 한다. *초코파이와 작은 사탕, 젤리, 비타민 가루, 초코시럽, 딸기 시럽 등 교사가 준비 가능한 케이크 재료들을 준비한다. ③ 교사가 "세상에서 가장 소중한 사람은 누굴까?"라고 질문하여 누구를 생각하며 만들었는지 이야기 나눈다. 모두 다 이야기를 나눈 후 "그 사람들도 모두 중요하지. 하지만 세상에서 나에게 가장 소중한 사람은 바로 나 자신이란다."라고 얘기해 준다. "여기 있는 이 케이크는 세상에서 가장 소중한 나에게 선물하는 케이크야."	30	두꺼운 도화지 케이크 재료 〈자료 26-2〉

	④ 다 만든 케이크를 앞에 놓고 가운데 촛불을 켠다(안전이 우려될 경우에 촛불은 생략해도 좋다). ⑤ 앉아 있는 순서대로 〈자료 26-1〉에 적힌 글을 직접 읽게 한다. 적혀 있는 말 이외에 자신에게 하고 싶은 말을 해도 좋다. ⑥ 케이크를 지금 먹고 싶은지 한쪽에 전시를 해 두었다가 활동을 마친 후에 먹을지 결정한다.		
전개	〈활동 1: 돌림편지 쓰기〉 ① 색이 있는 A4용지나 모양종이를 준비하여 한 장씩 나누어 준다. 맨 위에 자기 이름을 쓰게 한다. ② 오른편으로 자기 이름이 적힌 종이들을 넘겨 준다. 자신이 받은 종이 위에 적힌 이름의 친구에게 해 주고 싶은 말을 원하는 곳에 적게 한다. 이때 '자기가 생각했을 때 이 친구가 발전됐다고 생각하는 점, 해 주고 싶은 말' 등을 정해 준다. ③ 한 바퀴를 모두 돌고 난 후 자신의 것을 받고 나서 친구들이 써 준 것에 대한 느낌을 뒷장 맨 위에 써 보게 한다. ④ 장난처럼 쓰거나 상대를 비난하는 말이 많아서 받은 사람의 기분을 상하게 했다면 여기에 대한 각자의 느낌을 이야기하고, 뒷장에 다시 한번 돌림편지를 쓰게 할 수도 있다. 다시 쓴 돌림편지를 받았을 때의 느낌을 모두 함께 이야기해 본다.	25	색상A4용지
	〈활동 2: 나를 바라보기〉 〈자료 26-2〉를 나누어 주고, 자신의 생각이나 느낀 점들을 적게 한다. ① 프로그램에서 배운 것 중 가장 소중한 것은 무엇이었는지 이야기를 나누고 적어 보게 한다.	15	〈자료 26-2〉

	② 어떤 활동이 가장 재미있었는지, 가장 기억에 남는 활동은 무엇인지, 다음에 이 프로그램에 참여한다면 다르게 해 보고 싶은 점은 무엇인지, 이 프로그램을 하면서 내가 가장 잘 했던 점은 무엇이었는지에 관해 이야기 나누고 활동지를 작성한다. ③ 프로그램을 하면서 감사했던 점들에 관해 이야기한다. 이때 교사가 먼저 프로그램에 참여했던 친구들에게 감사했던 점들을 이야기해서 모델링의 역할을 한다.		
마무리	● 마무리용 활동지 적기	10	〈자료 26-3〉

〈자료 26-1〉

감정 일기

날짜: _____   **이름:** _____

● 다음 네모 칸 안에 지난 한 주 동안 여러분에게 일어난 두 가지 일을 적어 봅시다. 여러분은 그때 어떤 느낌이었나요? 그렇게 느낀 이유는 무엇이었나요? 그때 내가 바라는 것은 무엇이었나요?

그 일이 일어난 날짜 (월/일/요일)	일어난 일 (사건)	내가 느낀 것 (감정)	그렇게 느낀 이유	그래서 내가 바라는 것
1.				
2.				

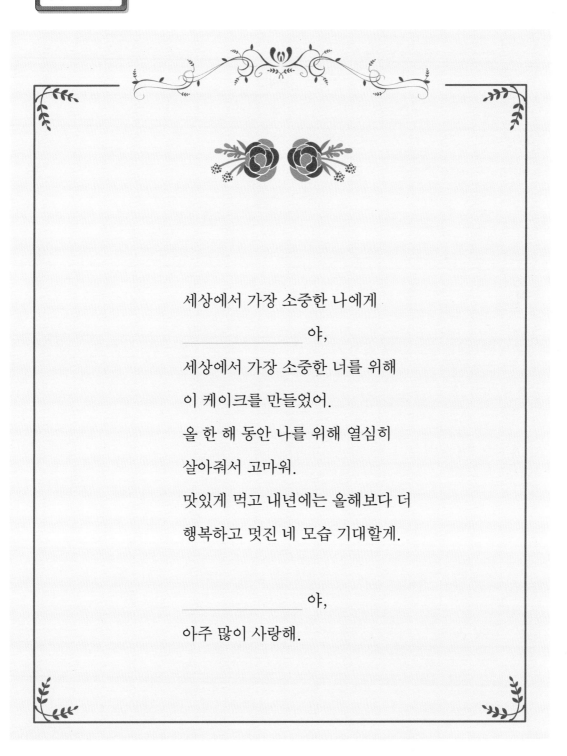

세상에서 가장 소중한 나에게

_____ 야,

세상에서 가장 소중한 너를 위해

이 케이크를 만들었어.

올 한 해 동안 나를 위해 열심히

살아줘서 고마워.

맛있게 먹고 내년에는 올해보다 더

행복하고 멋진 네 모습 기대할게.

_____ 야,

아주 많이 사랑해.

<자료 26-3>

프로그램을 마치며

날짜: 이름:

● 프로그램에서 배운 것 중 가장 소중한 것은?

● 프로그램을 하면서

가장 재미있었던 활동은 _____ 였습니다.

가장 기억에 남는 활동은 _____ 였습니다.

이 프로그램에 참여하면서 내가 가장 잘했던 점은

_____ 였습니다.

다음에 이 프로그램에 다시 참여한다면, 다르게 해 보고 싶은 점은

_____ 입니다.

● 선생님께 드리는 짧은 감사의 글 써 보기

저자 소개

박현숙(Park Hyun-suk)

성균관대학교 대학원 박사(아동심리 및 교육 전공)

1급 청소년상담사, 1급 임상심리사, 1급 경계선지능상담사

전 서울시 경계선지능아동지원 사회성과보상사업 슈퍼바이저

서울 탑마음클리닉 인지학습치료사, 사회성훈련치료사

한양여자대학교 아동복지과 강사

현 경계선지능연구소 느리게크는아이 연구소장

아동심리상담센터 I(아이) 센터장

보건복지부 경계선지능아동지원사업 교육강사 및 슈퍼바이저

아동권리보장원 아동자립심의위원

〈저 · 역서 및 연구보고서〉

『느린 학습자 인지훈련 프로그램 1 · 2 · 3』(2021, 학지사)

『아동복지시설 경계선 지적 지능 아동의 양육을 위한 가이드북』(공저, 2014, 한국보건복지인력개발원, 아동자립사원단)

『느린 학습자의 심리와 교육』(역, 2013, 학지사)

「경계선 지능 아동 조기선별도구 개발연구 보고서」(공동, 2020, 보건복지부 아동권리보장원 아동자립지원사업단)

「아동양육시설 퇴소 후 경계선 지적 기능 아동의 지원방안 연구」(공동, 2019, 한국장애인개발원)

「경계선 지적 기능 아동 자립지원체계 연구: 사업효과성 보고서」(공동, 2017, 한국보건복지인력개발원 아동자립지원단)

경계선 지능 아동·청소년을 위한

느린 학습자 정서 사회성 훈련 프로그램

Emotional and Social Skills Training for Slow Learners

2022년 3월 15일 1판 1쇄 발행
2024년 8월 20일 1판 5쇄 발행

지은이 • 박 현 숙
펴낸이 • 김 진 환
펴낸곳 • ㈜ **학 지 사**

04031 서울특별시 마포구 양화로 15길 20 마인드월드빌딩 5층
대표전화 • 02) 330-5114   팩스 • 02) 324-2345
등록번호 • 제313-2006-000265호

홈페이지 • http://www.hakjisa.co.kr
인스타그램 • https://www.instagram.com/hakjisabook

ISBN 978-89-997-2654-5   93370

정가 16,000원

출판미디어기업 **학 지 사**

간호보건의학출판 **학지사메디컬** www.hakjisamd.co.kr
심리검사연구소 **인싸이트** www.inpsyt.co.kr
학술논문서비스 **뉴논문** www.newnonmun.com
원격교육연수원 **카운피아** www.counpia.com
대학교재전자책플랫폼 **캠퍼스북** www.campusbook.co.kr